道路工程识图与绘图

DAOLU GONGCHENG SHITU YU HUITU

赵云华◎主　编
杨广云◎副主编

人民交通出版社股份有限公司
China Communications Press Co.,Ltd.

内 容 提 要

本教材为校企合作编写的任务引领的项目化教材,主要有以下内容:绘制道路工程的平面图形,认知道路工程制图标准,绘制简单形体的三面投影图,分析形体上点、线、面的三面投影图,绘制与识读基本体的投影图,绘制与识读道路工程中常见组合体投影图,绘制与识读道路工程构件构造图,识读道路路线工程图,识读桥梁工程图,识读涵洞工程图,识读隧道工程图。

本书可作为高职、高专道桥类专业的教材,也可供相关技术人员参考使用。

图书在版编目(CIP)数据

道路工程识图与绘图 / 赵云华主编. —北京:人民交通出版社股份有限公司,2016.5
ISBN 978-7-114-11483-0

Ⅰ.①道… Ⅱ.①赵… Ⅲ.①道路工程—工程制图—高等职业教育—教材 Ⅳ.①U412.5

中国版本图书馆 CIP 数据核字(2014)第 196004 号

书　　名	道路工程识图与绘图
著 作 者	赵云华
责任编辑	崔　建
出版发行	人民交通出版社股份有限公司
地　　址	(100011)北京市朝阳区安定门外外馆斜街 3 号
网　　址	http://www.ccpress.com.cn
销售电话	(010)59757973
总 经 销	人民交通出版社股份有限公司发行部
经　　销	各地新华书店
印　　刷	北京鑫正大印刷有限公司
开　　本	787×1092　1/16
印　　张	13.25
字　　数	270 千
版　　次	2016 年 5 月　第 1 版
印　　次	2020 年 12 月　第 3 次印刷
书　　号	ISBN 978-7-114-11483-0
定　　价	29.00 元

(有印刷、装订质量问题的图书由本公司负责调换)

前　　言

本教材为校企合作编写的任务引领的项目化教材。在编写之初,我们多次聘请了职业教育专家徐国庆教授对课程开发进行指导,并邀请了十几位道路工程一线的专家,对高职、高专道路桥梁类几个专业进行了工作任务和职业能力分析,并且对"道路工程识图与绘图"的工作任务和项目设计方案提出调整意见。

高职、高专"道路工程识图与绘图"课程的主要任务应该突出识读道路工程图的能力的培养,并兼顾绘图能力的培养。结合专家提出的意见,我们对过去使用的道路工程制图教材的内容进行了调整,并序化为任务引领的项目课程。

在不破坏原有知识体系的前提下,我们以道路工程构件图作为载体,以绘制、识读道路工程构件图为任务,设计学习型项目,使学生在教师引导下通过自主学习及动手操作掌握必要的投影知识及绘图方法;以真实的、成套的工程图例(道路路线工程图、桥梁工程图、涵洞工程图、隧道工程图)为载体,以识读道路工程图为任务,设计工作型项目,使学生在带着任务与问题的读图过程中形成识读道路工程图的能力。全书共11个项目,7个学习型项目,4个工作型项目。

教材内容有以下特点:①删除了传统教材中与职业能力要求不相符的"投影变换"、"轴测投影图"、"标高投影";②简化了传统教材中"点、直线、平面的投影",并将传统教材中研究点、线、面投影的纯几何内容改为分析道路工程形体上点、线、面投影的内容;③基本体、组合体部分的内容更突出道路工程上的常见基本体、组合体的投影图绘制与识读;④增加了"隧道工程图"的内容;⑤全书的图例都取自道路工程实际,尤其道路工程图(道路路线工程图、桥梁工程图、涵洞工程图、隧道工程图)部分的投影图都是真实的成套的工程图例,并全部配有配套立体示意图;⑥本教材更突出任务引领下的学习过程。

为便于教学,本书配套有教学课件。教学课件不但操作方便,而且美观逼真,可有效激发学生的学习兴趣,降低教师的劳动强度。

另外,还将配套出版《道路工程识图与绘图习题集》,与本套教材配合使用,习题集与课程教材风格一致。

本教材编写情况如下:项目一、二由山西交通职业技术学院于馥丽编写;项目三由山西交通职业技术学院刘玉娟编写;项目四由山西交通职业技术学院杨广云编写;项目五由山西交通职业技术学院圣小艳编写;项目六由山西交通职业技术学院刘璇编写;项目七、九、十、十一由山西交通职业技术学院赵云华编写;项目八由山西交通职业技术学院圣小艳编写。

由于编者水平有限,编写时间仓促,书中缺点、错误在所难免,恳请使用本书的师生及有关人士批评指正。

编者

2015年10月

目 录

项目一 绘制道路工程中的平面图形 ··· 001
 任务一 绘图工具简介 ·· 001
 任务二 绘制平面图形 ·· 004

项目二 认知道路工程制图标准 ··· 010
 任务一 确定图幅 ·· 012
 任务二 确定图线线型及比例 ··· 015
 任务三 填写图中文字 ·· 018
 任务四 标注尺寸 ·· 020

项目三 绘制简单形体的三面投影图 ··· 027
 任务一 投影分类与特性 ··· 027
 任务二 绘制形体的三面投影图 ·· 030

项目四 分析形体上点、线、面的三面投影图 ····························· 036
 任务一 分析形体上点的投影 ··· 036
 任务二 分析形体上直线的投影 ·· 039
 任务三 分析形体上平面的投影 ·· 046

项目五 绘制与识读基本体的投影图 ··· 051
 任务一 绘制与识读平面立体的投影图 ································· 051
 任务二 绘制与识读回转体的投影图 ···································· 059

项目六 绘制与识读道路工程中常见组合体投影图 ······················ 062
 任务一 绘制道路工程中组合体的投影图 ······························ 062
 任务二 绘制截切体和相贯体的投影图 ································· 070
 任务三 识读道路工程中常见组合体投影图 ··························· 077

项目七 绘制与识读道路工程构件构造图 ··································· 086
 任务一 绘制道路工程构件的剖面图 ···································· 087
 任务二 绘制道路工程构件的断面图 ···································· 095
 任务三 识读桥梁构件构造图 ··· 096

项目八 识读道路路线工程图 ·· 104
 子项目一 识读公路路线工程图 ·· 104
  任务一 识读公路路线平面图 ··· 104
  任务二 识读公路路线纵断面图 ······································ 111
  任务三 识读公路路基横断面图 ······································ 116
 子项目二 识读城市道路工程图 ·· 119
  任务一 识读城市道路横断面图 ······································ 119
  任务二 识读城市道路平面图 ··· 123
  任务三 识读城市道路纵断面图 ······································ 125

项目九　识读桥梁工程图 ··· 127
任务一　识读桥梁总体布置图 ·· 127
任务二　识读构件钢筋构造图 ·· 134
任务三　识读桥跨结构图 ·· 139
任务四　识读墩台结构图 ·· 151
项目十　识读涵洞工程图 ··· 167
任务一　识读钢筋混凝土盖板涵工程图 ·· 167
任务二　识读钢筋混凝土圆管涵一般构造图 ·· 172
任务三　识读石拱涵的一般构造图 ·· 175
任务四　识读钢筋混凝土箱涵工程图 ··· 178
项目十一　识读隧道工程图 ·· 185
任务一　识读隧道洞门图 ·· 185
任务二　隧道衬砌断面图 ·· 191
参考文献 ··· 204

项目一　绘制道路工程中的平面图形

项目描述

道路工程中的图样是由直线、圆弧及曲线构成的几何图形。为了准确、迅速地绘制图样,提高绘图质量,必须掌握各种绘图工具的使用方法,掌握常见几何图形的作图方法。

本项目主要通过绘制道路工程中的平面图形,掌握绘图工具的使用方法及道路工程中常见几何图形的作图方法,养成规范画图的好习惯。

任务一　绘图工具简介

任务描述

(1)了解图板的规格和使用方法。
(2)了解铅笔的种类,掌握铅笔的磨削方法。
(3)掌握用丁字尺、三角板绘制水平线、垂直线及15°的倍角线的方法。
(4)了解圆规及分规的用途,掌握其使用方法。

传统的绘图工具种类繁多,常用的有图板、铅笔、丁字尺、三角板等,如图1-1所示。现将主要工具分述如下。

一、图板

图板主要用作画图的垫板。图板板面应质地松软、光滑平整、有弹性,图板两端要平整,角边应垂直。图板的大小有0号、1号、2号等各种不同规格,可根据所画图幅的大小而选定。

二、铅笔

绘图使用的铅笔的铅芯硬度用B和H表示,B表示软而浓,H表示硬而淡,HB表示软硬适中。画底稿时常用H~2H铅笔,描粗时常用HB~2B铅笔。

铅笔应削成如图1-2所示的式样,削好的铅笔还要用砂纸将铅芯磨成圆锥形或矩形,锥形铅芯用于画细实线及书写文字,矩形铅芯用于描粗实线。

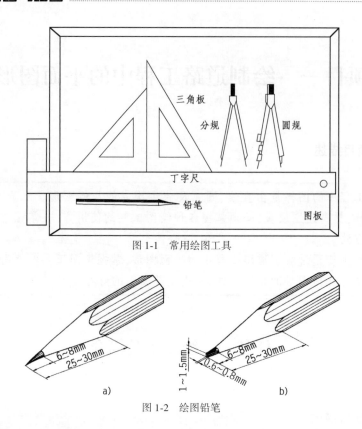

图 1-1　常用绘图工具

图 1-2　绘图铅笔

三、丁字尺

丁字尺由相互垂直的尺头和尺身构成,丁字尺与图板配合主要用来画水平线,如图 1-3 所示。使用时应检查尺头和尺身是否坚固,再检查尺身的工作边和尺头内侧是否平直光滑。

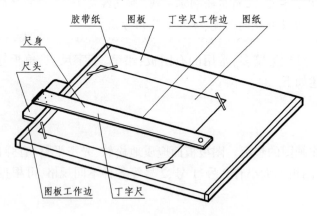

图 1-3　丁字尺与图板配合和使用

用丁字尺画水平线时,铅笔应沿着尺身工作边从左画到右,如水平线较多,则应由上而下逐条画出。丁字尺每次移动位置都要注意尺头是否紧靠图板,画线时应防止尺身移动。图 1-4 所示为移动丁字尺的手势。

为保证图线的准确,不允许用丁字尺的下边画线,也不允许把尺头靠在图板的上边、下边或右边来画铅垂线或水平线。

四、三角板

三角板与丁字尺配合使用,主要用来画铅垂线和某些角度的斜线,一副三角板包括45°三角板和30°~60°三角板各一块。

使用三角板画铅垂线时,应使丁字尺的尺头靠紧图板左边硬木边条,三角板的一直角边紧靠在丁字尺的工作边上,再用左手轻轻按住丁字尺和三角板,右手持铅笔,自下而上画出铅垂线,如图 1-5 所示。

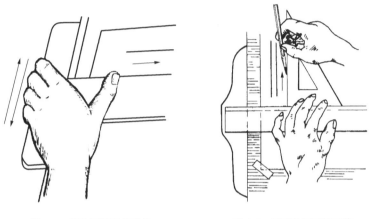

图 1-4　移动丁字尺的手势　　　图 1-5　用三角板画铅垂线

用一副三角板和丁字尺配合可画出与水平线成 15°及其倍数角(30°、45°、60°、75°)的斜线,如图 1-6 所示。

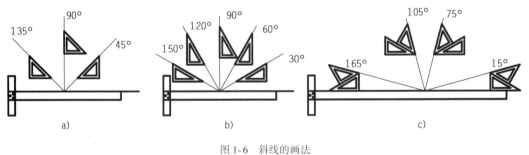

图 1-6　斜线的画法

五、分规

分规是截量长度和等分线段的工具,使用方法如图 1-7 所示。使用分规时应保持清洁,防止碰坏,并使两针尖接触对齐。

六、圆规

圆规是用来画圆或圆弧的仪器,它与分规形状相似。在一条腿上附有插脚,换上不同的插脚可作不同的用途,换上钢针插脚可当分规用、换上铅笔插脚就是圆规,如图 1-8 所示。

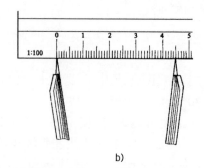

图 1-7 分规用法

圆规的用法如图 1-9 所示。画圆时,圆规应稍向前倾斜,整个圆或整段圆弧应一次画完。画较大的圆弧时,应使圆规两脚与纸面垂直。圆规铅芯宜磨成楔形,并使斜面向外,其硬度应比所画同种直线的铅笔软一号,以保证图线深浅一致。

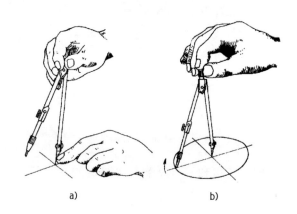

图 1-8 圆规
1-钢针插脚;2-铅笔插脚

图 1-9 圆规用法

任务二 绘制平面图形

任务描述

抄绘立交平面图、涵洞盖板底层钢筋平面图及涵洞洞口平面图。
(1)掌握已知直线平行线的绘制方法。
(2)掌握已知直线垂直线的绘制方法。
(3)掌握等分线段的方法。
(4)掌握正多边形的画法。
(5)掌握圆弧连接的画法。
(6)掌握椭圆的画法。

项目一 绘制道路工程中的平面图形

图样是由直线、圆弧及曲线构成的几何图形。为了准确、迅速地绘制图样,并提高绘图质量,必须掌握各种几何图形的绘图方法。下面介绍几种常用的作图方法。

一、过已知点作已知直线的平行线

过已知点 A 作已知直线 BC 的平行线,作图步骤如图 1-10a)、b)、c)所示。

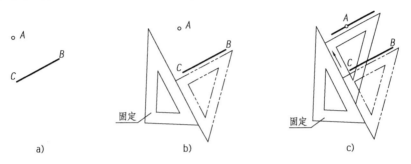

图 1-10 过已知点作已知直线的平行线

二、过已知点作已知直线的垂直线

已知点 A 和直线 BC,过 A 作已知直线 BC 的垂直线。作图的方法与步骤如图1-11 a)、b)、c)、d)所示。

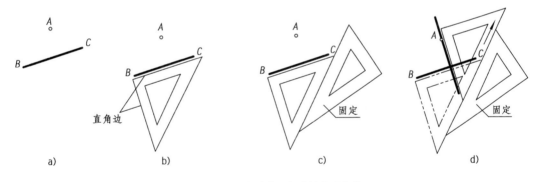

图 1-11 过已知点作已知直线的垂直线

三、分已知线段为任意等分

将图 1-12a)所示的已知直线 AB 分为 5 等分。
(1)过点 A 作任意直线 AC,在 AC 上任意截取 5 等分,并连接 $B5$[图 1-12b)]。
(2)过各等分点作 $B5$ 的平行线交 AB 得 4 个点,即分 AB 为 5 等分。

四、已知对角距求作正六边形

作图的方法与步骤如图 1-13a)、b)所示。

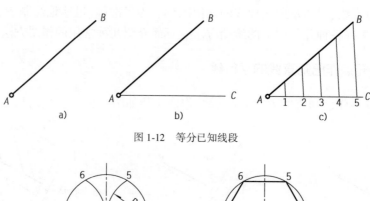

图 1-12 等分已知线段

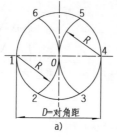 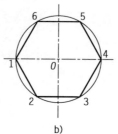

图 1-13 已知对角距作内接正六边形

五、作圆内接任意正多边形（以正九边形为例）

（1）已知外接圆，作内接正九边形，先将直径 AB 分成为 9 等分，如图 1-14a）所示。

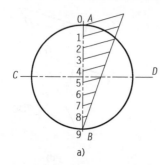 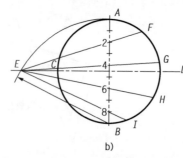 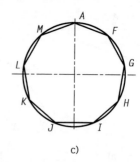

图 1-14 已知外接圆作内接正九边形

（2）以 B 为圆心，AB 为半径，画圆弧与 DC 的延长线相交于 E，再自 E 点引直线与 AB 上每隔一分点（如 2、4、6、8）连接，并延长与圆周交于 F、G、H、I 等点，如图 1-14b）所示。

（3）求出 F、G、H、I 的对称点 J、K、L 和 M，并顺次连接 A、F、G、H、I、J、K、L、M 等点，即得正九边形，如图 1-14c）所示。

六、圆弧连接

道路工程图中经常用到圆弧与直线连接或圆弧与圆弧连接，如道路的平面曲线、涵洞的洞口、隧道的洞门等。如图 1-15 所示立交桥平面图即为圆弧与直线连接而成的。

圆弧连接的形式很多，其关键是根据已知条件，准确地求出连接圆弧的圆心和切点（即连接点）。表 1-1 列出了各种圆弧连接的作图方法与步骤。

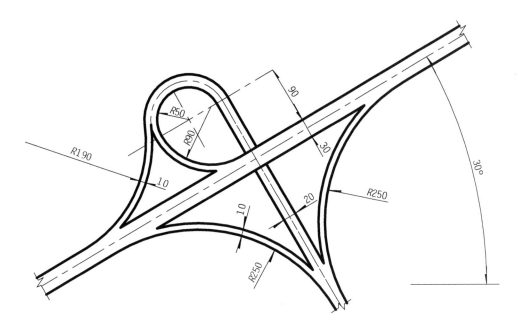

图 1-15 立交桥平面图

圆 弧 连 接 作 图 表 1-1

已 知 条 件	作图方法与步骤		
	1.求连接弧圆心 O	2.求连接点(切点) A、B	3.画连接圆弧并描粗
圆弧连接两已知直线段			
圆弧连接已知线段和圆弧			
圆弧外切连接两已知圆弧			
圆弧内切连接两已知圆弧			
圆弧分别内外切连接两已知圆弧			

七、椭圆画法（用四心圆法画椭圆）

已知椭圆长轴 AB 和短轴 CD，求作椭圆，如图 1-16a) 所示。

(1) 以 O 为圆心，OA（或 OB）为半径作圆弧，交 DC 延长线于 E；又以 C 为圆心，CE 为半径，作圆弧交 AC 于 F，如图 1-16b) 所示。

(2) 做 AF 的垂直平分线，交长轴 AB 于 O_1，交短轴 CD 于 O_4，如图 1-16c) 所示。

(3) 定出 O_1 和 O_4 的对称点 O_2 和 O_3，用直线连接 O_4O_1、O_4O_2、O_3O_1、O_3O_2，并作出其延长线，如图 1-16d) 所示。

(4) 分别以 O_3、O_4 为圆心，O_4C（或 O_3D）为半径，作圆弧 T_1T_2 和 T_3T_4，如图 1-16e) 所示。

(5) 分别以 O_1、O_2 为圆心，O_1A（或 O_2B）为半径，作圆弧 T_3T_1 和 T_2T_4，即可得所求的近似椭圆，如图 1-16f) 所示。

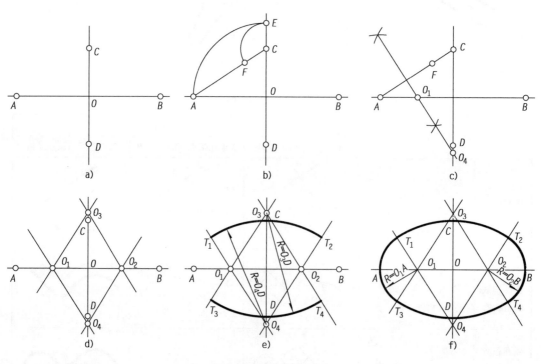

图 1-16 四心圆法画椭圆

八、绘图练习（这部分内容要求同学自己完成）

(1) 抄绘图 1-17 所示的涵洞盖板底层钢筋平面图。

(2) 抄绘图 1-15 所示的立交桥平面图。

(3) 抄绘图 1-18 所示的涵洞洞口平面图。

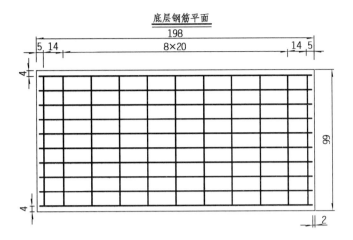

图 1-17 涵洞盖板底层钢筋平面图(尺寸单位:cm)

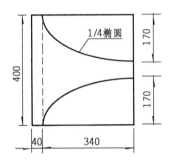

图 1-18 涵洞洞口平面图(尺寸单位:cm)

项目二　认知道路工程制图标准

项目描述

道路工程图是道路工程施工过程中重要的技术文件,是施工的重要依据。图 2-1 所示为一座钢筋混凝土梁桥的立体示意图,图 2-2 为其桥型布置图(施工图)。施工图上有各种各样的线条、尺寸数字、图框、标题栏等,内容较多,图形复杂。为便于生产和技术交流,对于每种线条所代表的含义及尺寸数字的单位等,需要有统一的规定;为了图形美观、图面清晰,便于使用和保存,对于图纸的大小和图框、标题栏等的尺寸,以及字体的种类等需要有统一的规定。

本项目主要学习《道路工程制图标准》(GB 50162—92)对图幅大小、图线的线型、尺寸标注、比例、字体等的规定。通过在 A3 图框内抄绘桥墩立面图,并标注尺寸,熟练掌握《道路工程制图标准》的规定,养成自觉遵守《标准》的习惯。

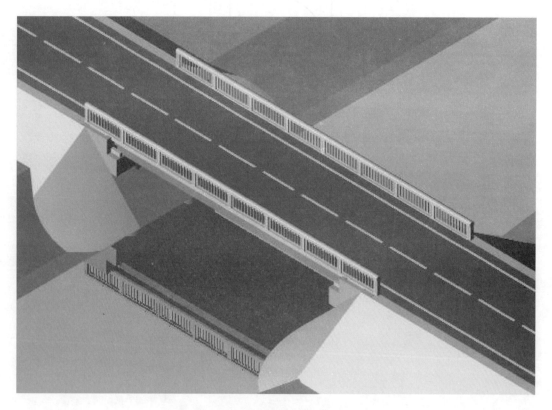

图 2-1　桥梁立体示意图

项目二 认知道路工程制图标准

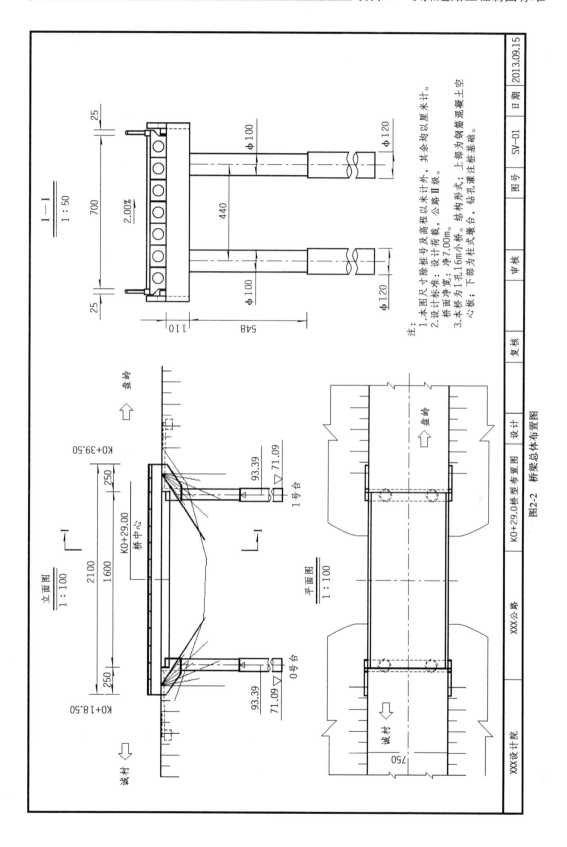

图2-2 桥梁总体布置图

任务一　确定图幅

**任务描述**

通过抄绘 A3 图框,掌握《道路工程制图标准》关于图幅、图框、图标及角标的有关规定。

(1)熟记 A0、A3 图幅的尺寸。
(2)了解图纸幅面的长边与短边的比例。
(3)掌握图框的画法。
(4)熟记 A3、A4 图纸图框线、标题栏外框线、标题栏内框线的宽度。
(5)理解标题栏、角标中每一项的含义。
(6)抄绘 A3 图框。

一、关于图幅、图框、图标及角标有关规定

图幅是指图纸的幅面大小。每项工程都会有一整套的图纸,为了便于装订、保存和合理使用图纸,《道路工程制图标准》(以下简称《国标》)对图纸幅面进行了规定,见表 2-1。表中尺寸单位为 mm,尺寸代号如图 2-3 所示。在选用图幅时,应以一种规格为主,尽量避免大小幅面掺杂使用。

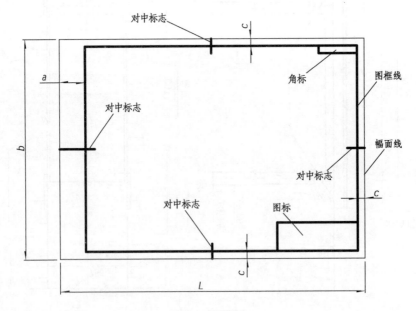

图 2-3　幅面格式

图幅及图框尺寸(mm)　　　　　　　　　　　表 2-1

尺寸代号＼图幅代号	A0	A1	A2	A3	A4
$b×L$	841×1189	594×841	420×594	297×420	210×297
a	35	35	35	30	25
c	10	10	10	10	10

图纸幅面的长边是短边的$\sqrt{2}$倍,即$L=\sqrt{2}b$,且 A0 幅面的面积为$1m^2$。A1 幅面是沿 A0 幅面长边的对裁,A2 幅面是沿 A1 幅面长边的对裁,其他幅面类推。

根据需要,图纸幅面的长边可以加长,但短边不得加宽,长边加长的尺寸应符合有关规定。长边加长时图幅 A0、A2、A4 应为 150mm 的整倍数,图幅 A1、A3 应为 210mm 的整倍数。

图框内右下角应绘图纸标题栏,《国标》规定的格式有 3 种,如图 2-4 所示。图标外框线线宽宜为 0.7mm;图标内分格线线宽宜为 0.25mm。

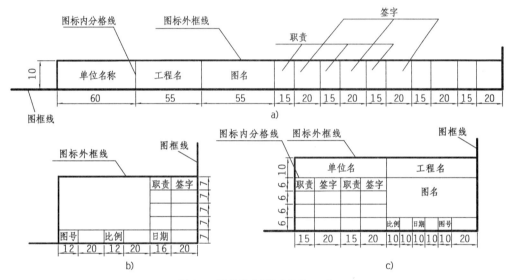

图 2-4　图标格式(尺寸单位:mm)

当图纸要绘制角标时,应布置在图框内右上角,如图 2-5 所示。角标线线宽宜为 0.25mm。

在道路工程中,一般采用 A3 或 A3 加长的图纸幅面,并且横向装订成册。一般采用图 2-4a)所示的标题栏,画在图纸右下角。如图 2-6 所示为某道路工程中的路基横断面图,其角标内容表示在该道路工程中共有 52 张路基横断面图,这是第 7 张,位于该道路的 K11+220~K11+270 段。

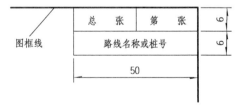

图 2-5　角标(尺寸单位:mm)

二、绘制 A3 图框

按照《道路工程制图标准》的规定,绘制 A3 图框、图标及角标。

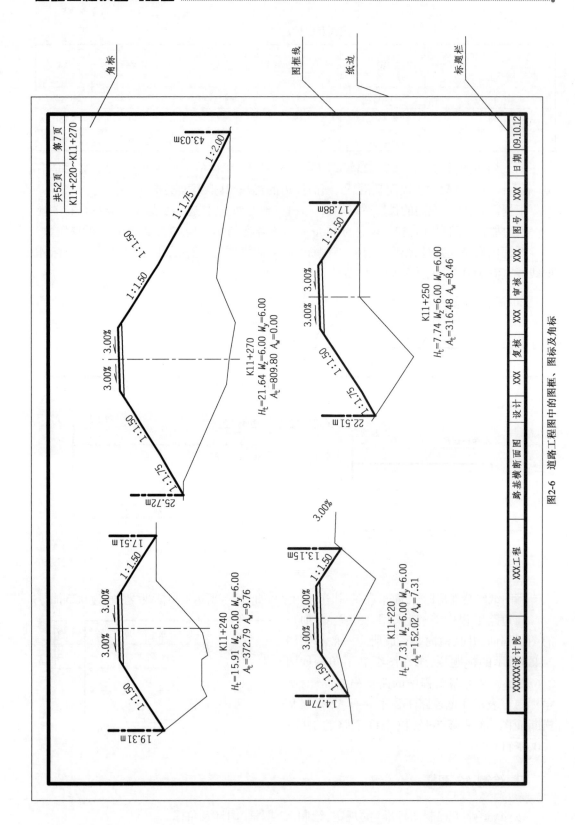

图2-6 道路工程图中的图框、图标及角标

任务二 确定图线线型及比例

任务描述

通过在 A3 图框内抄绘桥墩立面图,掌握《国标》关于图线、比例的有关规定。

(1)掌握《国标》对图线的线型、线宽、用途及其画法的规定,理解比例含义及规定。

(2)按照《国标》的规定,选择合适的比例,在 A3 图框内抄绘桥墩立面图。

一、确定线型

工程图是由不同线型、不同粗细的线条所构成,这些图线可表达图样的不同内容,以及分清图中的主次。《国标》对线型及线宽作了规定,见表 2-2。

图线的线型、线宽、用途及其画法　　表 2-2

名　称	线　型	线　宽	一　般　用　途
粗实线	———————	b	可见轮廓线、钢筋线
细实线	———————	$0.25b$	尺寸线、剖面线、引出线、图例线、原地面线
中粗实线	———————	$0.5b$	较细的可见轮廓线、钢筋线
加粗实线	———————	$1.4\sim2.0b$	图框线、路线平面图中的设计线
粗虚线	- - - - - -	b	地下管道或建筑物
中粗虚线	- - - - - -	$0.5b$	不可见轮廓线
细虚线	- - - - - -	$0.25b$	道路纵断面图中竖曲线的切线
细点划线	— · — · —	$0.25b$	中心线、对称线、轴线
中粗点划线	— · — · —	$0.5b$	用地界线
双点划线	— · · — · · —	$0.25b$	假想轮廓线、规划道路中线、地下水位线
粗双点划线	— · · — · · —	b	规划红线
波浪线	∼∼∼	$0.25b$	断开界线
折断线	—/—	$0.25b$	断开界线

工程图中的各种线型的画法和用途见表 2-2。图 2-7 所示为各种线型在桥墩立面图中的应用实例。

图线的宽度应从 0.18、0.25、0.35、0.5、0.7、1.0、1.4、2.0(mm)中选取。每个图样一般使用 3 种线宽,且互成一定的比例,即粗线(线宽为 b)、中粗线、细线,比例规定为 $b:0.5b:0.25b$。绘图时,应根据图样的复杂程度及比例大小,选用表 2-3 所示的线宽组合。

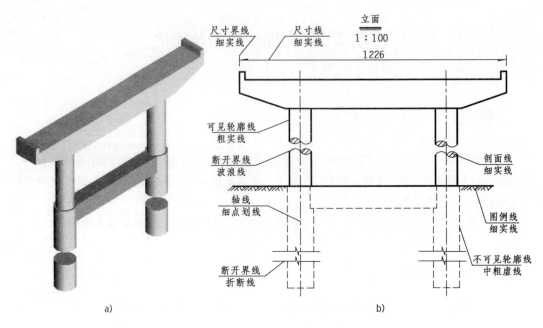

图 2-7 各种线型在桥墩立面图中的应用

线 宽 组 合　　　　　　　　　　　　表 2-3

线宽类别	线宽系列(mm)				
b	1.4	1.0	0.7	0.5	0.35
$0.5b$	0.7	0.5	0.35	0.25	0.25
$0.25b$	0.35	0.25	0.18(0.2)	0.13(0.15)	0.13(0.15)

在同一张图纸内相同比例的各图形,应采用相同的线宽组合。

图纸图框线和标题栏的宽度见表 2-4。

图纸图框线和标题栏的宽度(mm)　　　　　　　表 2-4

图纸幅面	图框线	标题栏外框线	标题栏分格线
A0、A1	1.4	0.7	0.25
A2、A3、A4	1.0	0.7	0.25

相交图线的绘制应符合下列规定:

(1)当虚线与虚线或虚线与实线相交时,相交处不应留空隙,如图 2-8a)所示。

(2)当点划线与点划线或点划线与其他线相交时,交点应设在线段处,如图 2-8a)所示。

(3)当实线的延长线为虚线时,应留空隙,如图 2-8c)所示。

二、确定比例

图样中图形与实物相应线性尺寸之比,称为比例。绘图比例的选择,应遵循图面布置合理、均匀、美观的原则,按图形大小及图面复杂程度确定。一般优先选用表 2-5 中的常用比例。

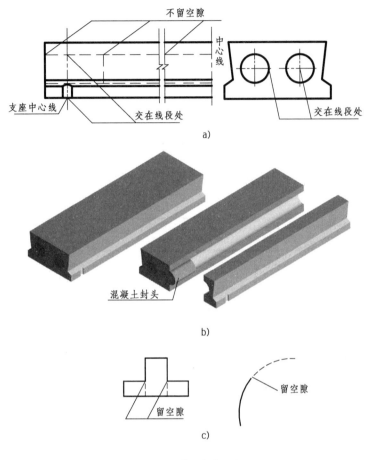

图 2-8 图线相交的画法

绘图所用的比例　　　　　　　　　　　　　表 2-5

常用比例	1∶1	1∶2	1∶5	1∶10	1∶20	1∶50
	1∶100	1∶200	1∶500	1∶1000	1∶2000	1∶5000
	1∶10000	1∶20000	1∶50000	1∶100000	1∶200000	
可用比例	1∶3	1∶15	1∶25	1∶30	1∶40	1∶60
	1∶150	1∶250	1∶300	1∶400	1∶600	
	1∶1500	1∶2500	1∶3000	1∶4000		
	1∶6000	1∶15000	1∶30000			

比例应采用阿拉伯数字表示,宜标注在视图图名的右侧或下方,字体高度可比图名字体高度小一号或二号,如图 2-9a)、b) 所示。又如图 2-7 所示桥墩立面图上的比例标注。当同一张图纸中的比例完全相同时,可在图标中注明,也可以在图纸中适当位置采用标尺标注,如图 2-9c) 所示的高程标注。当竖直方向与水平方向的比例不同时,可采用 V 表示竖直方向比例,用 H 表示水平方向比例。

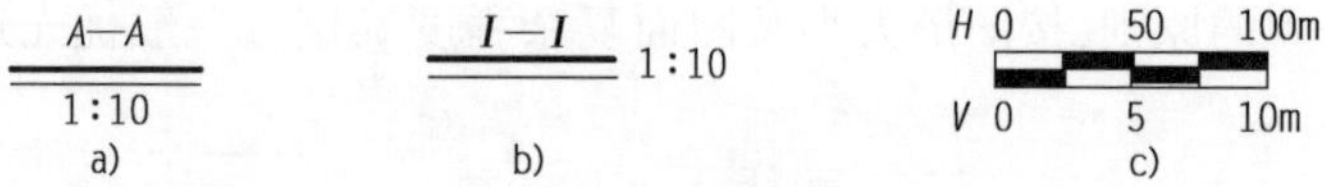

图 2-9 比例的标注

三、抄绘桥墩投影图

按照《国标》关于线型的有关规定,选择合适的比例,在任务一绘制的 A3 图框内抄绘图 2-10 所示桥墩立面图。

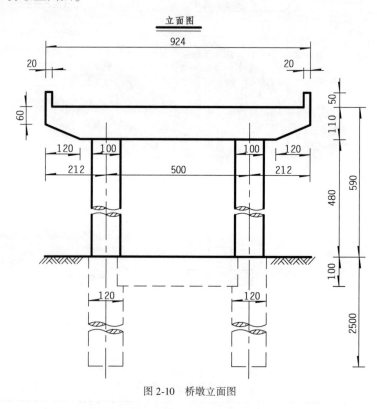

图 2-10 桥墩立面图

任务三 填写图中文字

 任务描述

通过填写桥墩立面图(任务二中绘制)上的文字,掌握《国标》关于工程图中文字的有关规定及长仿宋体字的书写方法。
(1)理解《国标》对图中汉字、数字、字母等的规定。
(2)熟记汉字的宽度与高度的比例。
(3)理解字体的高度与字号的关系。

文字、数字、字母或符号是工程图的重要组成部分。若字体潦草,会导致辨认困难,或引起读图错误,容易造成工程事故,给国家和个人带来损失,同时也影响图面整洁美观。因此要求字体端正、笔画清晰、排列整齐、标点符号清楚正确,而且要求采用规定的字体和按规定的大小书写。

一、汉字

道路工程制图国家标准规定图中汉字应采用长仿宋体字,又称工程字,并采用国家正式公布的简化字,除有特殊要求外,不得采用繁体字。汉字的宽度与高度的比例为2∶3,字体的高度即为字号,见表2-6。汉字书写要求采用从左向右、横向书写的格式,且汉字高度不宜小于3.5mm。

长仿宋体字的高度尺寸(mm)　　　　　　表2-6

字高(字号)	20	14	10	7	5	3.5	2.5
字宽	14	10	7	5	3.5	2.5	1.8

书写长仿宋体字的要领是:横平竖直、起落分明、排列匀称、填满方格,如图2-11所示。

图2-11　长仿宋体字示例

二、数字和字母

图纸中的阿拉伯数字、外文字母、汉语拼音字母笔画宽度宜为字高的1/10。大写字母的宽度宜为字高的2/3,小写字母的高度应以 b、f、h、p、g 为准,字宽宜为字高的1/2。a、m、n、o、e 的字宽宜为上述小写字母高度的2/3。

数字与字母的字体可采用直体或斜体,但同一册图纸中应一致。直体笔划的横与竖应成90°;斜体字头向右倾斜,与水平线应成75°。字母不得写成手写体。数字与字母要与汉字同行书写,其字高应比汉字的高小一号。示例如图2-12所示。

三、填写图中的文字

按照《国标》规定,填写任务二所抄绘的桥墩立面图图标中的文字。

图 2-12 数字和字母示例

任务四 标注尺寸

任务描述

通过为桥墩立面图(任务二中绘制)标注尺寸,掌握道路工程制图标准关于尺寸标注的有关规定及尺寸标注方法。

(1)熟记《国标》关于尺寸单位的规定。

(2)掌握《国标》对尺寸线、尺寸界线、尺寸起止符、尺寸数字的有关规定。

(3)掌握引出线、半径、直径、弧长、弦长、高程、角度、坡度等尺寸的标注方法。

工程图上除画出构造物的形状外,还必须准确、完整、清晰地标注出构造物的实际尺寸,以作为施工的依据,尺寸是图样的重要组成部分。因此《国标》对尺寸标注进行了统一的规定。

一、尺寸标注中的一些规定

(1)图上所有尺寸数字是物体的实际大小数值,与图的比例无关。

(2)在道路工程图中的单位,线路的里程桩号以千米或公里(km)计;高程、坡长和曲线要素均以米(m)计;一般砖、石、混凝土等工程结构物及钢筋和钢材的长度以厘米(cm)计;钢筋和钢材断面尺寸以毫米(mm)计。图上尺寸数字之后不必注写单位。当不按以上采用时,应在图纸中予以说明。

二、尺寸的组成及标注方法

图样上标注的尺寸,由尺寸界线、尺寸线、尺寸起止符和尺寸数字 4 部分组成,如图 2-13所示。

项目二　认知道路工程制图标准

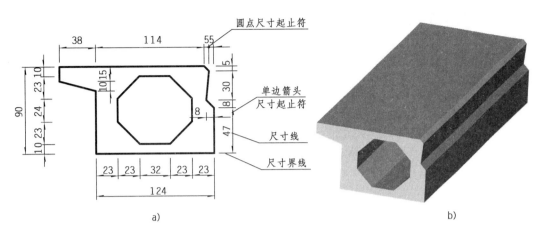

图 2-13　空心板横断面尺寸标注
a) 投影图；b) 立体图示意

1. 尺寸线

尺寸线用细实线绘制，应与被标注长度平行，且不应超出尺寸界线。任何其他图线都不能作为尺寸线。相互平行的尺寸线应从被标注的轮廓线由近向远排列，并且小尺寸在内，大尺寸在外。所有平行尺寸线间的间距一般在 5～15mm。同一张图纸上这种间距应当保持一致，如图 2-14 所示。

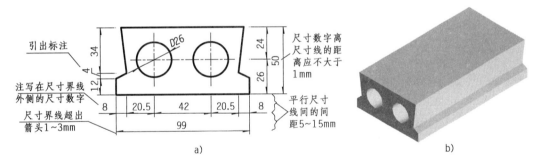

图 2-14　尺寸界线及尺寸数字的标注示例
（空心板横断面尺寸标注）

2. 尺寸界线

尺寸界线用细实线绘制，由一对垂直于被标注长度的平行线组成，其间距等于被标注线段的长度，尺寸界线一端应靠近所注图形轮廓线，另一端应超出尺寸线 1～3mm，如图 2-14 所示。图形轮廓线、中心线也可作为尺寸界线，如图 2-14 所示 $D26$ 的标注是以轮廓线为尺寸界线。

3. 尺寸起止符

尺寸线与尺寸界线的交点为尺寸的起止点，在起止点上应画尺寸起止符号。尺寸起止符号宜采用单边箭头表示；尺寸起止符也可采用顺时针方向转 45°的中粗斜短线表示，长度为 2～3mm。道路工程制图中一般采用是单边箭头。在连续表示的小尺寸中,也可在尺寸界线同一水平的位置,用黑圆点表示中间部分的尺寸起止符,如图2-13所示。

4.尺寸数字

尺寸数字一般标注在尺寸线上方中部,尺寸数字离开尺寸线的距离应不大于1mm。当没有足够的注写位置时,最外边的尺寸数字可注写在尺寸界线外侧箭头的上方,中间相邻的尺寸数字可错开注写,也可引出注写,如图2-14所示。

尺寸数字及文字注写方向如图2-15所示,即水平尺寸字头朝上,垂直尺寸字头朝左,倾斜尺寸的尺寸数字都应保持字头仍有朝上趋势。同一张图纸上,尺寸数字的大小应相同。

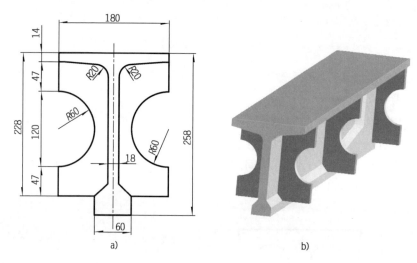

图2-15 尺寸数字、文字的标注(T梁横断面尺寸标注)
a)投影图;b)立体图示意

5.引出线的标注

引出线的斜线与水平线应采用细实线绘制,其交角α可按90°、120°、135°、150°绘制。当图形需要文字说明时,可将文字说明标注在引出线的水平线上。当斜线在一条以上时,各斜线宜平行或交于一点,如图2-16所示。

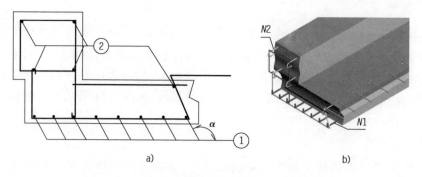

图2-16 引出线的标注(涵洞盖板钢筋结构横断面图)
a)投影图;b)立体图示意

6.半径与直径的标注

在标注圆的直径尺寸数字前面,加注符号"ϕ"或"$d(D)$",在半径尺寸数字前面,加注符号"$r(R)$",如图 2-17a)所示。当圆的直径较小时,半径与直径可按如图 2-17b)、c)所示标注;当圆的直径较大时,半径尺寸的起点可不从圆心开始,按如图 2-17d)中的 $R1300$ 标注方法。

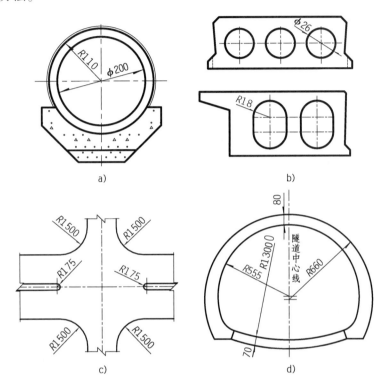

图 2-17 半径与直径的标注

a)涵洞洞身横断面中半径与直径的标注;b)空心板横断面图中半径与直径的标注;
c)道路平面图中半径的标注;d)隧道洞身衬砌横断面中半径的标注

7.弧长与弦长的标注

圆弧尺寸按如图 2-18a)所示标注,尺寸界线也可沿径向引出,如图 2-18b)所示。弦长的尺寸界线应垂直于该圆弧的弦,如图 2-18c)所示。图 2-18d)所示为桥梁中各种钢筋的圆弧长度的标注示例,图 2-18e)所示为石拱涵拱圈部分弦长的标注示例。

8.球的标注

标注球体的尺寸时,应在直径和半径符号前加 S,如"$S\phi$"、"SR"。

9.角度的标注

角度的尺寸线应以圆弧来表示,角的两边为尺寸界线。角度数值宜写在尺寸线上方中部。当角度太小时,可将尺寸线标注在角的两条边的外侧,角度数字应按如图 2-19 所示标注。

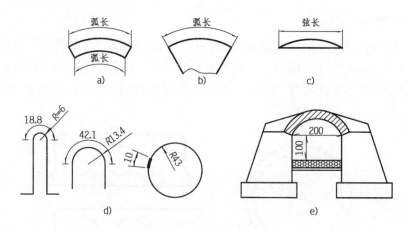

图 2-18 弧长与弦长的标注

a)、b)圆弧长度的标注;c)弦长的标注;d)桥梁中钢筋圆弧长度的标注;e)石拱涵拱圈部分弦长的标注

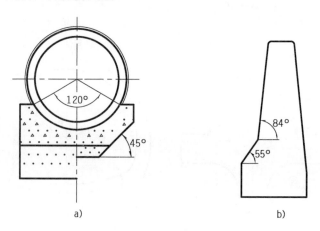

图 2-19 角度的标注

a)圆管涵洞洞身断面图中角度标注;b)桥梁防撞墙上的角度标注

10.高程的标注

高程符号应采用细实线绘制的等腰直角三角形表示。顶角应指在需要标注的被注点上,向上、向下均可。高程数字宜标注在三角形的右边。负高程应冠以"-"号,正高程(包括零高程)数字前可不冠以"+"号。当图形复杂时,也可采用引出线形式标注,如图 2-20a)所示。水位线标注如图 2-20b)所示。图 2-20c)所示为高程及水位线的标注实例。

11.坡度的标注

当坡度值较小时,坡度的标注宜用百分率表示,并应标注坡度符号。坡度符号应由细实线、单边箭头及在细实线上方标注的百分数组成,坡度符号的箭头应指向下坡,如图 2-21所示路基横断面图中路面横向坡度的标注。当坡度值较大时,坡度的标注宜用比例的形式表示,例如 1：n,如图 2-21 所示路基横断面图中路堤边坡与路堑边坡坡度的标注。

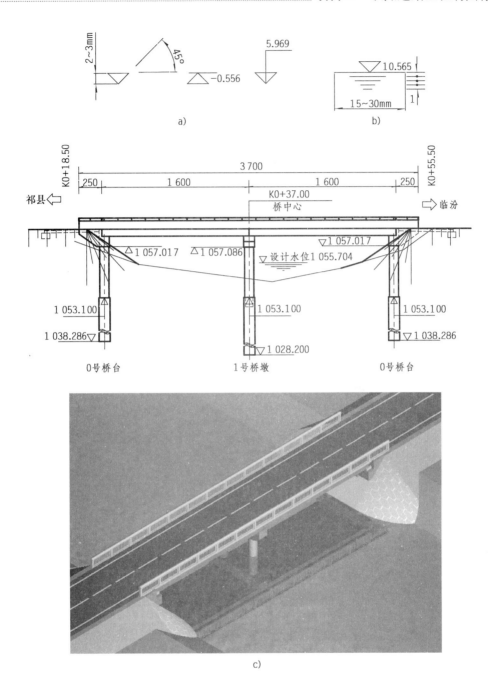

图 2-20 高程与水位的标注
a)高程的标注；b)水位的标注；c)桥梁图中高程及水位线的标注实例

三、标注桥墩立面图的尺寸

按照《国标》关于尺寸标注的规定，在任务二所抄绘的桥墩立面图上标注尺寸，尺寸数值如图 2-10 所示。

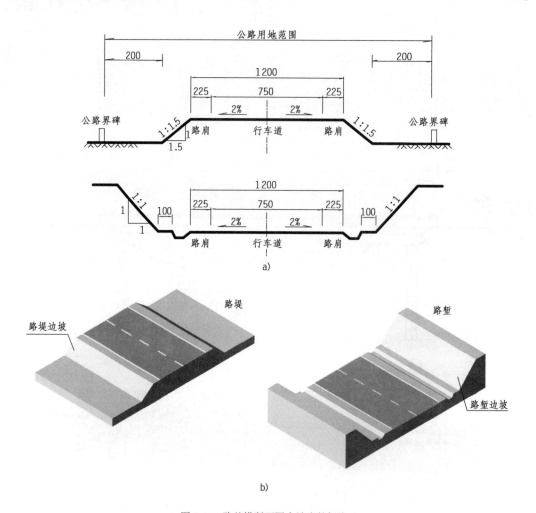

图 2-21 路基横断面图中坡度的标注
a) 投影图；b) 立体图示意

项目三 绘制简单形体的三面投影图

项目描述

> 道路工程施工中我们需要用工程图样来指导施工、验收,所以如何用图纸上的平面图形来表达三维的空间形体,是本课程所要解决的问题。而问题的解决需要通过三面投影的方法来实现。
>
> 本项目以绘制拱桥桥台的三面投影图为例,理解投影概念,掌握投影图的画图方法。

任务一 投影分类与特性

任务描述

> 通过分析桥台模型投影的形成过程了解投影种类,掌握正投影的特性。

一、投影的形成

物体在灯光或阳光照射下会在地面和墙壁上产生影子,如图 3-1 是阳光照射下拱桥在地面上产生的影子,这一现象称为投影现象。从这一现象中可看出影子与形体之间存在着对应关系。影子是呈现在平面上的图形,而拱桥是三维的空间形体,说明用二维平面上画出的图形,可以表达三维空间的形体。

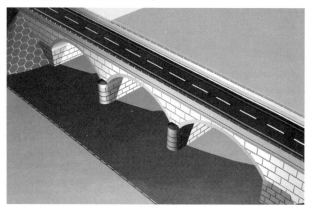

图 3-1 阳光照射拱桥在地面上产生的影子

当光线照射的角度或距离改变时,影子的位置、形状也随之改变。也就是说,光线、物体和影子三者之间,存在着紧密的联系。如图 3-2a)所示,桥台模型在正上方的灯光照射下产生了影子,随着光源、模型和投影面之间距离的变化,影子的大小形状会发生相应变化,图 3-2a)、b)所示是光线从一点射出的情形。如果假想把光源移到无穷远处,即假设光线变为互相平行并垂直于地面时,影子的大小形状就和形体底面一样了,如图 3-2c)所示。

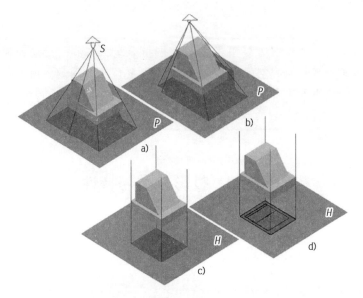

图 3-2 影子与投影

把阳光、灯泡等光源抽象为投射中心 S,把地面、墙壁抽象为投影面 P,把看不见的光称为投射线,这三者构成了投影面体系。

把形体置于投影体系当中,在投影面上就得到了影子即形体的外部轮廓,如图 3-2c)所示,画出形体的内外轮廓及内外表面交线,且沿投影方向凡可见的轮廓线画粗线,不可见的轮廓线画虚线。这样,形体的影子就发展成为投影图,简称投影,如图 3-2d)所示。

二、投影分类

按投射线的不同情况,投影可分为中心投影和平行投影两大类。

1. 中心投影

由一点发出投射线投射到形体上所形成的投影,叫中心投影,如图 3-3 所示。中心投影的大小与形体、投射中心、投影面三者之间的距离有关。在投射中心与投影面之间距离不变的情况下,形体离投射中心越近,投影越大,反之越小。

2. 平行投影

由互相平行的投射线投射到形体上所形成的投影称为平行投影。平行投影的大小与形体离投影面的距离无关。

根据投射线与投影面的夹角不同,平行投影又可以分为:
(1)斜投影。平行投射线倾斜于投影面所得到的投影,称为斜投影,如图 3-4a)所示。
(2)正投影。平行投射线垂直于投影面所得到的投影,称为正投影,如图 3-4b)所示。

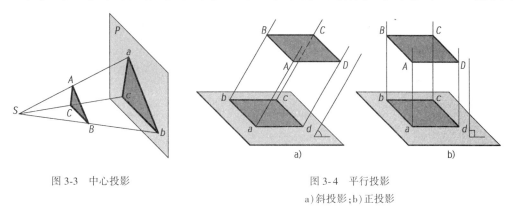

图 3-3　中心投影

图 3-4　平行投影
a)斜投影;b)正投影

三、正投影的特性

1. 显实性

平行于投影面的直线或平面图形,其投影反映实长或实形,如图 3-5 所示。

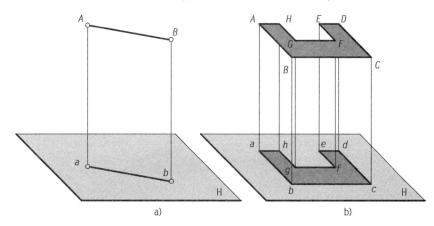

图 3-5　投影的实形性
a)直线平行于投影面;b)平面平行于投影面

2. 积聚性

垂直于投影面的直线或平面图形,其投影积聚为一点或一条直线,如图 3-6 所示。

3. 类似性

倾斜于投影面的直线或平面图形,其投影短于实长或小于实形,但投影的形状与平面的形状相类似,如图 3-7 所示。

在正投影的条件下,形体上平行于投影面的表面,其正投影反映其真实的形状大小。形体垂直于投影面的表面,其正投影会积聚成线。故正投影法作图较简便、度量性好,大多数的工程图样都是采用正投影法来绘制。

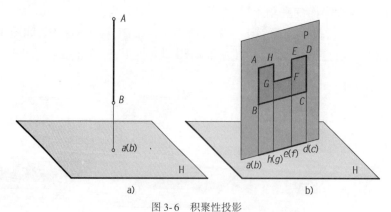

图 3-6　积聚性投影
a) 直线垂直于投影面；b) 平面垂直于投影面

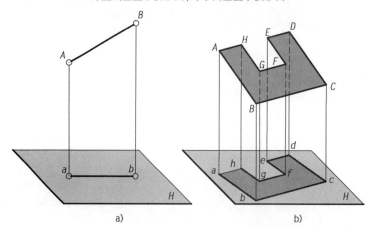

图 3-7　直线、平面投影的类似性投影
a) 直线倾斜于投影面；b) 平面倾斜于投影面

任务二　绘制形体的三面投影图

**任务描述**

以绘制图 3-8 所示的石拱桥桥台的三面投影为例，学习三面投影的有关知识。
(1) 熟记 3 个投影面的名称。
(2) 熟记三面投影的名称。
(3) 理解并熟记三面投影图位置关系。
(4) 理解并熟记三面投影图与形体的方位关系。
(5) 能在三面投影图上确定形体的长、宽、高。
(6) 掌握三面投影图中的"三等"关系。

项目三　绘制简单形体的三面投影图

由于正投影作图比较简便、度量性好,工程图上都是采用正投影来表达形体,但单面正投影是不能充分确定空间形体的形状和结构,如图 3-9a)、b)、c)所示,同样的水平投影可以对应很多不同的形体。故工程上一般采用 3 个相互垂直方向的投影(三面正投影)来表达形体。

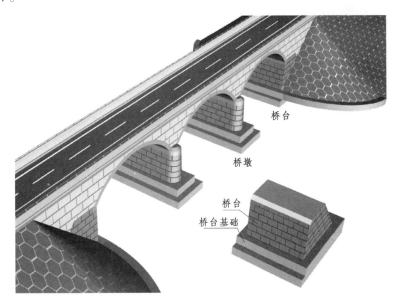

图 3-8　拱桥及其桥台

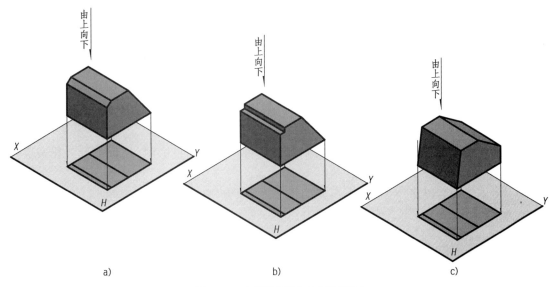

图 3-9　一个投影不能确定空间的形状

一、建立三面投影体系

如图 3-10 所示,我们设置 3 个相互垂直的平面作为 3 个投影面,水平放置的平面称为水平投影面(简称水平面或 H 面);正对观察者的平面称为正立投影面(简称正面或 V

面);观察者右侧的平面称为侧立投影面(简称侧面或 W 面)。

三投影面两两相交构成 3 条投影轴 OX、OY 和 OZ,三轴的交点 O 称为原点。在三投影面体系中,能比较充分地表示出形体的空间形状。

二、三面投影图的形成

现将形体置于三投影面体系中,并且置于观察者和投影面之间,如图 3-11 所示。形体靠近观察者一面称为前面,反之称为后面。同理定出形体其余的左、右、上、下四个面。用 3 组分别垂直于 3 个投影面的投射线对形体进行投影,就得到该形体在 3 个投影面上的投影。

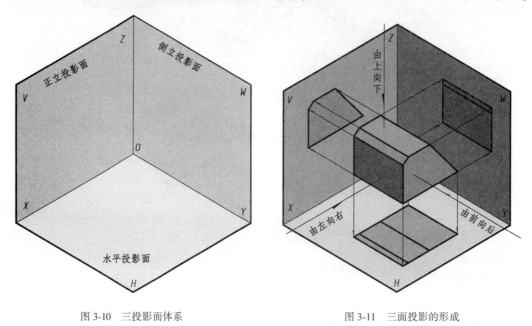

图 3-10　三投影面体系　　　　　　　图 3-11　三面投影的形成

(1)由上向下投影,在 H 面上得到的投影图,称为水平投影图(简称 H 面投影或平面图)。

(2)由前向后投影,在 V 面上得到的投影图,称为正立面投影图(简称 V 面投影或立面图)。

(3)由左向右投影,在 W 面上得到的投影图,称为(左)侧立面投影图(简称 W 面投影或侧面图)。

三、投影面的展开

为了使三面投影图能画在一张图纸上,就必须把 3 个垂直相交的投影面展开摊平在同一个平面上。其方法如图 3-12a)所示,V 面不动,H 面绕 OX 轴向下旋转 90°,W 面绕 OZ 轴向右旋转 90°,使它们转至与 V 面同在一个平面上,如图 3-12b)所示。

投影面展开摊平后 Y 轴分为两处,用 Y_H(在 H 面上)和 Y_W(在 W 面上)表示。

为简化作图,在三面投影图中不画投影面的边框线,投影图之间的距离可根据需要而定,3 条轴线也可省去,如图 3-13a)所示。

项目三　绘制简单形体的三面投影图

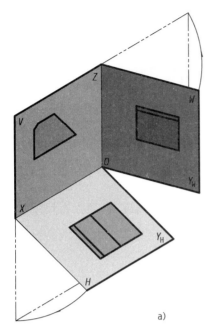
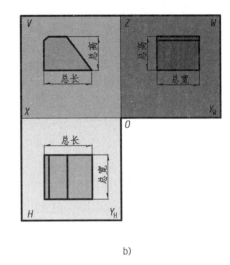

图 3-12　投影面的展开与摊平

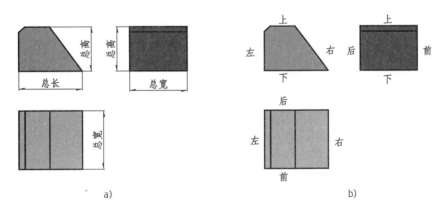

图 3-13　三面投影图

四、三面投影图的投影关系

三面投影图是从形体的 3 个方向投影得到的，3 个投影图之间是密切相关的。

1.三面投影图的位置关系

以正立面投影图（立面图）为准，水平投影图（平面图）在立面图的正下方，侧立投影图（侧面图）在立面图的正右方，如图 3-13a) 所示。

2.三面投影图与形体的方位关系

所谓方位关系，是指观察者从正面（正立面投影方向）观察物体，物体的上下、左右、前后 6 个方位在三面投影中的对应关系，如图 3-13b) 所示。

H 面投影——反映形体左右、前后的位置；

V 面投影——反映形体左右、上下位置；

W 面投影——反映形体上下、前后位置。

水平投影和侧面投影靠近正面投影的一侧（里边）为物体的后面，远离正面投影的一侧（外边）为物体的前面，如图 3-13b）所示。

3. 三面投影图之间的"三等"关系

每个形体都有长度、宽度、高度，形体左右之间沿 OX 轴方向的距离称为长度；上下之间沿 OZ 轴的距离称为高度；前后之间沿 OY 轴的距离称为宽度，如图 3-13a）所示。

H 面投影反映形体的长度和宽度；V 面投影反映形体的长度和高度；W 面投影反映形体的高度和宽度。

每两个相邻投影图中同一方向的尺寸相等，即：

(1) V、H 两面投影图中的相应投影长度相等，即长对正；

(2) V、W 两面投影图中的相应投影高度相等，即高平齐；

(3) H、W 两面投影图中的相应投影宽度相等，即宽相等。

五、绘制形体的三面投影图（这部分内容要在教师指导下同学自己完成）

下面以图 3-8 所示的桥台为例分析形体投影图的画图方法。

1. 分析

根据物体的模型画其三面投影图时，可假想地将模型正放在三面投影体系当中，如图 3-14a）所示，并向 3 个投影面投影，再将 3 个投影面展开，就形成三面投影图。

绘制物体的投影图时，应将物体上的棱线和轮廓线都画出来，并且按投影方向，可见的线用粗实线表示，不可见的线用虚线表示，当粗实线和虚线重合时只画粗实线。要沿 OX 轴方向量取长度（左右距离）；沿 OZ 轴量取高度（上下距离）；沿 OY 轴量取宽度（前后距离）。在画投影图的过程中应注意保持长对正、高平齐、宽相等的三等关系。

2. 作图步骤

(1) 根据物体各部分的长度和高度先画出其正面投影，如图 3-14b）所示。

(2) 由"长对正"的特性和形体的宽度在正面投影的正下方作水平投影，如图 3-14c）所示。

(3) 由"高平齐"、"宽相等"的特性在正面投影的正右方作侧面投影（在正面投影的右下方画一条与水平方向成 45°的直线作为辅助线，通过该辅助线来保证宽相等），如图 3-14d）所示。

3. 绘图练习

绘制图 3-15 所示桥台的三面投影图。

画图要求：

(1) 选择 1∶50 的比例画在 A4 图纸上。

（2）图形线条要符合国标要求，粗实线线宽为 0.5mm、虚线为 0.25mm，细实线、点划线、波浪线、双折线线宽为 0.13mm。

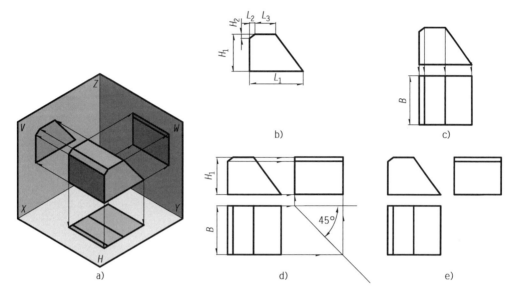

图 3-14 画形体的三面投影图

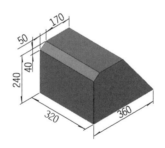

图 3-15 桥台立体图（尺寸单位：cm）

项目四　分析形体上点、线、面的三面投影图

项目描述

各种形体都是由点、线、面组成,如图 4-1 所示拱桥桥台。所以分析点、直线、平面的投影,对分析形体的投影有着重要的意义。

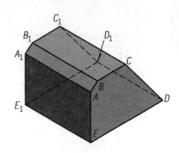

图 4-1　物体上的点、直线、平面

本项目主要分析形体上点、线、面的投影特性,并在形体的投影图上分析形体上点、线、面的投影。

任务一　分析形体上点的投影

任务描述

（1）掌握点的投影规律。
（2）根据点的两面投影绘制点的第三面投影。
（3）能根据两点的三面投影判断其相对位置。
（4）在形体的三面投影图上,分析形体上点的三面投影。
（5）根据形体上点的两面投影,确定其第三面投影,并判断其在形体上的位置。

一、点的三面投影的形成

在图 4-2a)所示的 V、H、W 三面投影体系中,由空间点 A 分别向 3 个投影面 V、H、W

面引垂线,垂足 a、a'、a'' 即为点 A 的三面投影。按项目三所述的方法旋转、展开并去掉边框后,即得到图4-2b)、c)所示点 A 的三面投影图。

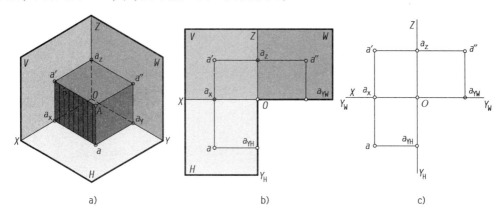

图4-2 点的三面投影
a)立体图;b)投影图;c)去边框后的投影图

规定空间点用大写字母标记,如 A、B、C…,H 面投影用相应的小写字母标记,如 a、b、c…,V 面投影用相应的小写字母加一撇标记,如 a'、b'、c'…。W 面投影用相应的小写字母加两撇标记,如 a''、b''、c''…。

二、点的投影规律

如图4-2a)所示,投射线 Aa 和 Aa' 构成的平面 Aaa_Xa' 垂直于 H 面和 V 面,则必垂直于 OX 轴,因而 $aa_X \perp OX$,$a'a_X \perp OX$。当 a 随 H 面绕 OX 轴旋转到与 V 面平齐后,a、a_X、a' 三点共线,且 $a'a \perp OX$ 轴,如图4-2c)所示。同理可得,点 A 的正面投影与侧面投影的连线垂直于 OZ 轴,即 $a'a'' \perp OZ$。

空间点 A 的水平投影 a 到 OX 轴的距离和侧面投影 a'' 到 OZ 轴的距离,均反映空间点 A 到 V 面的距离,$aa_X = a''a_Z = A$ 点到 V 面的距离。

综上所述,点的三面投影规律为:
(1)点的正面投影 a' 与水平投影 a 的连线垂直于 OX 轴($a'a \perp OX$)。
(2)点的正面投影 a' 与侧面投影 a'' 的连线垂直于 OZ 轴($a'a'' \perp OZ$)。
(3)点的水平投影到 OX 轴的距离等于侧面投影 a'' 到 OZ 轴的距离($aa_{YH} \perp OY_H$,$a''a_{YW} \perp OY_W$,即 $aa_X = a''a_Z$)。

三、由点的两面投影求第三面投影

根据点的投影特性可知:只要已知点的两面投影即可确定点的空间位置,故只要已知点的任意两面投影,即可运用投影规律求出该点的第三投影。

已知 A 点的水平投影 a 和正面投影 a',求作侧面投影 a'',如图4-3a)所示。

作图步骤:
(1)由 a' 作 OZ 轴的垂线 $a'a_Z$ 并延长,如图4-3a)所示。

(2)由 a 作 OY_H 轴的垂线 aa_{Y_H} 并延长,与过原点 O 的 45°辅助线相交,然后向上作 OY_W 轴的垂线与 $a'a_Z$ 的延长线相交,即为 A 点的侧面投影 a'',如图 4-3b)所示。

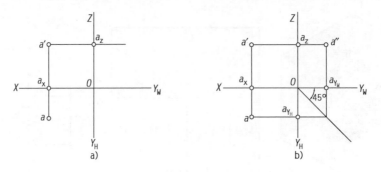

图 4-3 已知点的两投影求第三投影

四、由两点的投影分析两点的空间位置

空间两点的相对位置是以其中某一点为基准,判别另一点在该点的前后、左右和上下的位置,可以沿投影轴方向来判断。X 轴指向左侧,Y 轴指向前方,Z 轴指向上方。由此可见 A 点在 B 点之右、前、上方,如图 4-4b)所示。

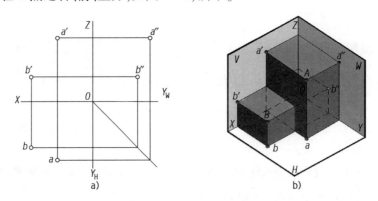

图 4-4 空间两点的相对位置

五、分析拱桥桥台上点的投影(这部分内容要求同学自己完成)

1.分析桥台上点的投影

图 4-5a)所示为拱桥桥台的立体示意图,图 4-5b)为其三面投影图,请同学们参照桥台立体图,在桥台的三面投影图中找出点 A、B、C 的三面投影。

可根据点 A 在桥台上的位置,先确定其正面投影 a',根据"长对正"的特性,可以确定其水平投影 a;根据"高平齐"的特性,可以确定其侧面投影 a''。

请同学们在图 4-5b)所示桥台投影图上标出点 B、C 的三面投影,并标注相应的符号。

2.由桥台上点的投影判断其空间位置

已知桥台上 D、E 两点的两面投影,请同学们在三面投影图上标出 D、E 两点的第三面投影。在立体示意图上标出 D、E 的位置,并判断 D、E 两点的相对位置,如图 4-6 所示。

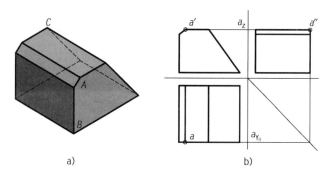

图 4-5 分析桥台上点的投影

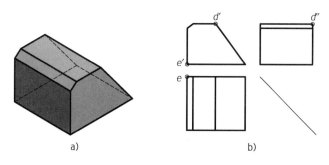

图 4-6 空间两点的相对位置

任务二 分析形体上直线的投影

任务描述

通过分析涵洞洞口八字墙及桥台上直线的投影,总结各种位置直线的投影特性。
(1)掌握投影面平行线的投影特性。
(2)掌握投影面垂直线的投影特性。
(3)了解一般位置直线的投影特性。
(4)在形体的投影图上,分析形体上直线的投影。
(5)根据两直线的投影判断其相对位置。

本节所研究的直线指有限长度的直线——直线段。
根据直线与投影面的相对位置,直线可分为投影面平行线、投影面垂直线和一般位置直线。直线的投影一般仍为直线,特殊情况下,当直线垂直于投影面时,其投影积聚为一个点,如图 4-7 所示。

只要画出直线上任意两点的投影,连接其同面投影,即为直线的投影。

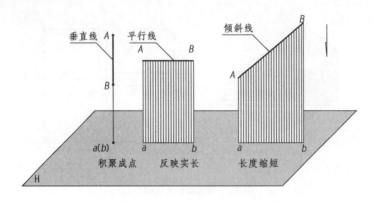

图 4-7 直线对投影面的 3 种位置

一、分析投影面平行线的投影

在三面投影体系中,平行于一个投影面而倾斜于另外两个投影面的直线称为投影面平行线。

投影面平行线有 3 种情况:

平行于 V 面,倾斜于 H、W 面的直线称为正平线,表 4-1 所示八字翼墙上的直线 AB。

平行于 H 面,倾斜于 V、W 面的直线称为水平线,表 4-1 所示八字翼墙上的直线 DE。

平行于 W 面,倾斜于 H、V 面的直线称为侧平线,表 4-1 所示八字翼墙上的直线 BC。

二、分析投影面垂直线的投影

在三面投影体系中,与某一个投影面垂直的直线统称为投影面垂直线,垂直于一个投影面,则必平行于另外两个投影面。

投影面垂直线也有 3 种情况:

垂直于 H 面的直线称为铅垂线,表 4-2 所示拱桥桥台上的直线 AB。

垂直于 V 面的直线称为正垂线,表 4-2 所示拱桥桥台上的直线 CD。

垂直于 W 面的直线称为侧垂线,表 4-2 所示拱桥桥台上的直线 EF。

三、分析一般位置直线的投影

对 3 个投影面均不平行又不垂直的直线称为一般位置直线(简称一般线)。

如图 4-8a)所示四棱锥的棱线 AB 为一般位置直线,由于一般位置直线 2 个端点与 3 个投影面的距离都不相等,所以一般位置直线的 3 个投影都倾斜于各投影轴,并且均小于实长。

读图时,如果直线的两面投影为倾斜的直线,就可判断该直线为一般位置直线。通过判断两端点的空间位置可确定直线的空间位置。

投影面平行线   表 4-1

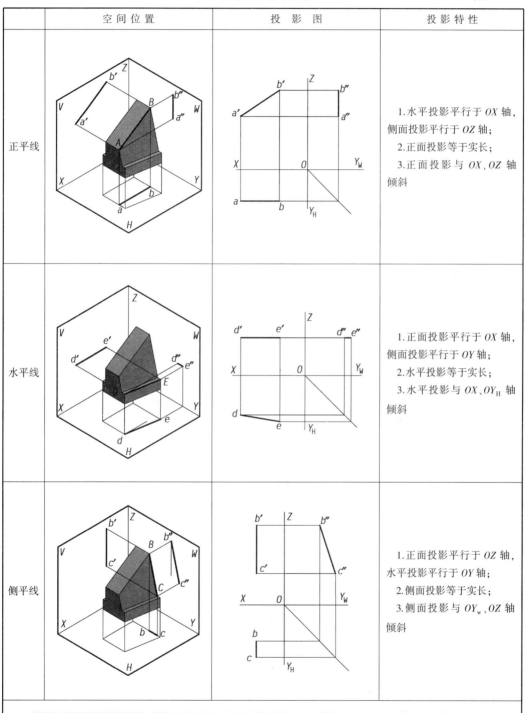

投影面平行线的投影特性:投影面平行线在所平行的投影面上的投影反映实长;其他两面投影平行于相应的投影轴,且均小于实长。

投影面垂直线表　　　　　　　　　　　表 4-2

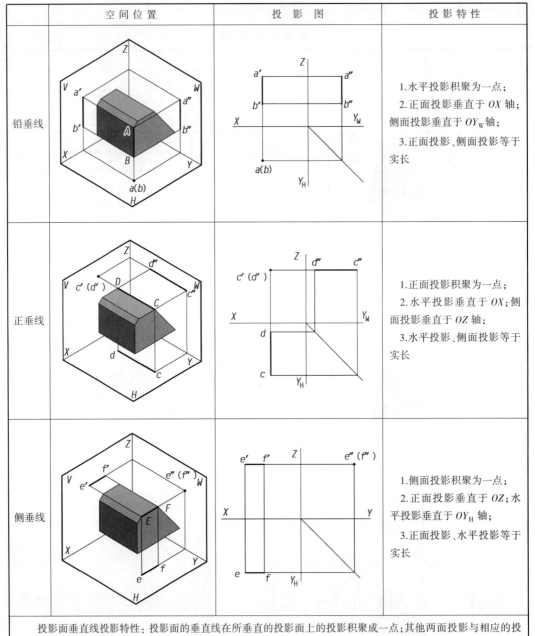

投影面垂直线投影特性：投影面的垂直线在所垂直的投影面上的投影积聚成一点；其他两面投影与相应的投影轴垂直，并且均反映实长。

四、分析桥台上直线的投影（这部分内容要求同学自己完成）

图 4-9a）所示为拱桥桥台的立体示意图，图 4-9b）为其三面投影图。

请同学们参照桥台立体图，在桥台的三面投影图中找出棱线 AA_1、AB、C_1D_1 的三面投影（用粗实线描出并标注相应的符号），指出直线的空间位置。

项目四 分析形体上点、线、面的三面投影图

如 AA_1 为正垂线,正垂线的正面投影积聚成一点 $a'(a_1')$,而水平投影垂直于 X 轴,侧面投影垂直于 Y 轴。根据"长对正"的特性,可以确定其水平投影 aa_1;根据"高平齐"的特性,可以确定其侧面投影 $a''a_1''$。

请同学们在图 4-9d)所示桥台投影图上用粗实线描出棱线 AB、C_1D_1 的三面投影,标注相应的符号,并指出直线的空间位置。

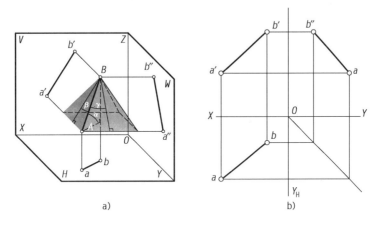

图 4-8 一般位置直线的投影

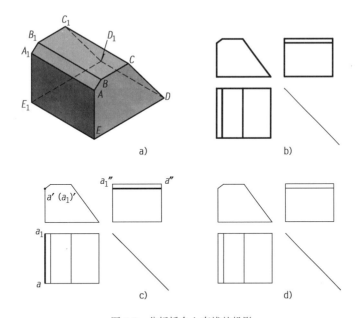

图 4-9 分析桥台上直线的投影

*五、分析形体上两直线的相对位置

空间两直线的相对位置有平行、相交、交叉三种情况,如图 4-10 所示,涵洞洞口八字墙上的直线 EF 与 GH 平行、AB 与 AC 相交、AC 与 BM 交叉。下面分别研究它们的特性。

1. 平行两直线

两直线互相平行时，该两直线的同面投影，也必然平行，如图 4-11a)所示。

若 $GH//EF$，则 $gh//ef$，$g'h'//e'f'$，$g''h''//e''f''$；$GH:EF=gh:ef=g'h':e'f'=g''h'':e''f''$，如图 4-11b)所示，图中两直线的正面投影重合成一条直线，是平行的特殊情况。

若空间两直线互相平行，则其同面投影互相平行且比值相等，反之，若两直线的同面投影互相平行且比值相等，则此空间两直线一定互相平行。

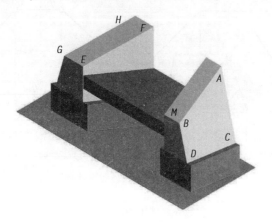

图 4-10　八字墙上直线的相对位置

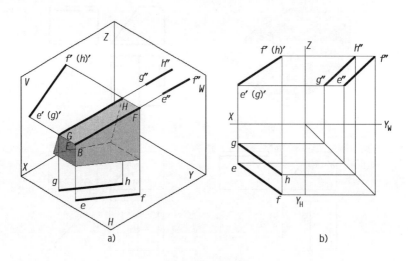

图 4-11　平行两直线的投影
a)立体图；b)投影图

2. 相交两直线

相交两直线，其同面投影必相交，且交点符合点的投影规律(即投影交点的连线垂直于相应的投影轴)。

如图 4-12 所示，AB 和 CD 的延长线交于 K 点。K 的正面投影 k' 与水平投影 k 的连线 $k'k$ 垂直于 X 轴，$k'k''$ 也必然垂直于 Z 轴。

3.交叉两直线

空间两直线既不相交也不平行,称为交叉两直线(或异面直线)。

在投影图中,交叉两直线的同面投影可能相交,但交点的投影不符合点的投影规律,如图 4-13 所示。交叉两直线可能有一对或两对同面投影互相平行,但绝不可能三对同面投影都互相平行,如图 4-13 所示。

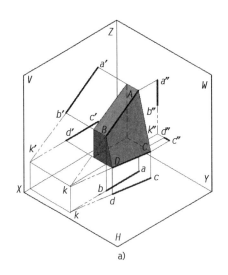 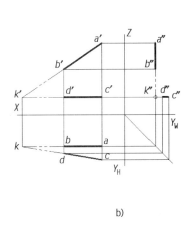

图 4-12　相交两直线的投影
a)立体图;b)投影图

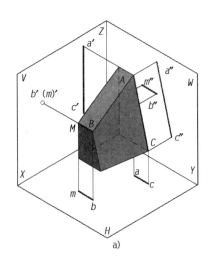 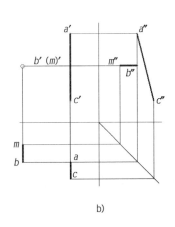

图 4-13　交叉两直线的投影
a)立体图;b)投影图

任务三　分析形体上平面的投影

任务描述

通过分析桥台上平面的投影,总结各种位置平面的投影特性。
(1)掌握投影面平行面的投影特性。
(2)掌握投影面垂直面的投影特性。
(3)了解一般位置平面的投影特性。
(4)在形体的投影图上,分析形体上平面的投影。

本节所研究的平面,指平面的有限部分——平面图形。

根据平面与投影面的相对位置,平面可分为投影面垂直面、投影面平行面、一般位置平面三种。

平面图形的投影一般仍为类似的平面图形,特殊情况下,当平面图形垂直于投影面时,其投影积聚为一条直线,如图 4-14 所示。

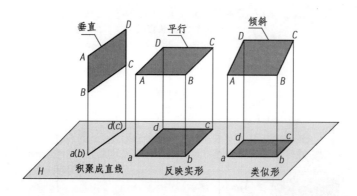

图 4-14　平面图形的投影

一、分析投影面平行面的投影

在三面投影体系中,平行于某一投影面的平面,称为投影面平行面,简称平行面。平行于某一投影面必然垂直于其他两投影面。

投影面平行面有 3 种情况:

平行于 H 面的平面称为水平面,表 4-3 所示拱桥桥台上的 P 平面。

平行于 V 面的平面称为正平面,表 4-3 所示拱桥桥台上的 Q 平面。

平行于 W 面的平面称为侧平面,表 4-3 所示拱桥桥台上的 R 平面。

项目四 分析形体上点、线、面的三面投影图

投影面平行面 表4-3

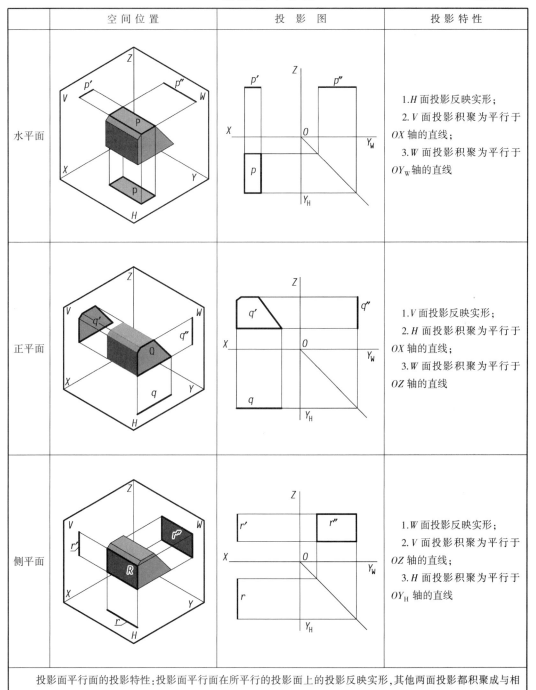

投影面平行面的投影特性:投影面平行面在所平行的投影面上的投影反映实形,其他两面投影都积聚成与相应投影轴平行的直线。

二、分析投影面垂直面的投影

在三面投影体系中,垂直于一个投影面,倾斜于其他投影面的平面称为投影面垂直面,简称垂直面。

投影面垂直面有3种情况：

垂直于V面，倾斜于H、W面的平面称为正垂面，表4-4所示桥台翼墙上的平面P。

垂直于H面，倾斜于V、W面的平面称为铅垂面，表4-4所示桥墩墩身上的平面Q。

垂直于W面，倾斜于H、V面的平面称为侧垂面，表4-4所示桥台翼墙上的平面R。

投 影 面 垂 直 面　　　　　　　表4-4

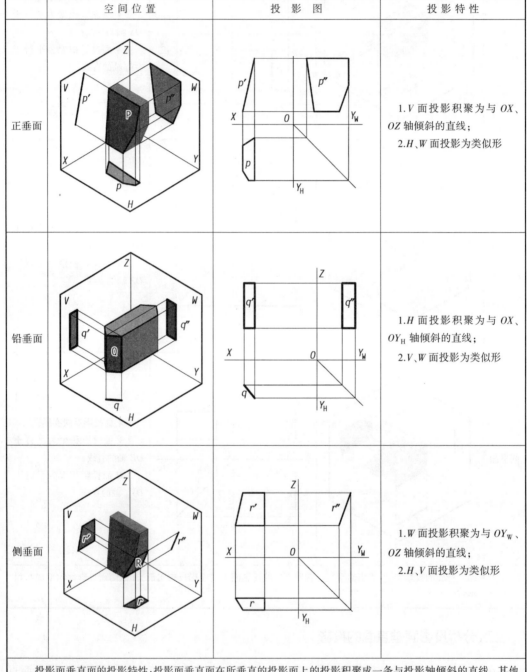

	空间位置	投影图	投影特性
正垂面			1.V面投影积聚为与OX、OZ轴倾斜的直线； 2.H、W面投影为类似形
铅垂面			1.H面投影积聚为与OX、OY_H轴倾斜的直线； 2.V、W面投影为类似形
侧垂面			1.W面投影积聚为与OY_W、OZ轴倾斜的直线； 2.H、V面投影为类似形

投影面垂直面的投影特性：投影面垂直面在所垂直的投影面上的投影积聚成一条与投影轴倾斜的直线，其他两面投影是类似形。

三、分析一般位置平面的投影

与3个投影面都倾斜的平面称为一般位置平面,简称一般面,如图4-15所示的三棱锥上的表面△SAB。

一般面的各个投影都没有积聚性,各投影均为小于实形的类似形,如图4-15所示。

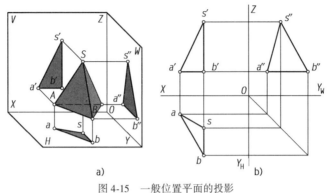

图4-15 一般位置平面的投影

四、分析形体上平面的投影(这部分内容要求同学自己完成)

图4-16a)所示为拱桥桥台的立体示意图,图4-16b)为其三面投影图。

请参照桥台的立体图,在桥台的三面投影图中找出平面 ABCDE、平面 P 的三面投影(用粗实线描出并标注相应的符号),并指出平面的空间位置。

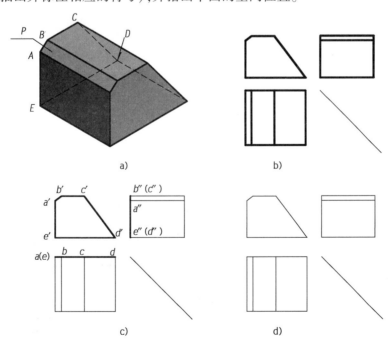

图4-16 桥台上的平面

如平面 ABCDE 为正平面,所以其正面投影反映实形,是五边形 a'b'c'd'e',而正平面的水平投影是平行于 X 轴的直线,通过"长对正"的关系可以确定其水平投影 abcde,正平面的侧面投影是平行于 Y 轴的直线,通过"高平齐、宽相等"的关系可以确定其侧面投影 a″b″c″d″e″。

请同学们在图 4-16d)所示的桥台投影图上标出平面 P 的三面投影,并指出该平面的空间位置。

*五、平面上的点和直线

(一)平面上的直线

直线在平面上的条件:直线通过平面上的两点,或通过平面上的一点同时平行于该平面上的一条直线,则该直线在平面上。

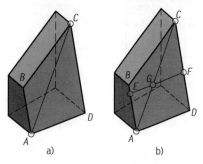

如图 4-17 所示,直线 AC 通过翼墙上表面 ABCD 上的 A、C 两点,直线 EF 通过平面 ABCD 上的 G 点并平行于该平面上的 AD 边,直线 AC 和 EF 都在平面 ABCD 上。

(二)平面上的点

点在平面上的几何条件:若点在平面上,则该点必在该平面内的一条直线上。

如果点在直线上,该点的投影必在直线同面投影上。

图 4-17 平面上的直线

(三)绘制平面上的点和直线投影(这部分内容要求同学自己完成)

如图 4-18a)、b)所示,已知八字翼墙上表面 ABCD 的三面投影及其上一点 K 的 V 面投影 k′,求 K 点的其他两面投影 k、k″。

1.分析

在平面上取点,必须先在平面上作辅助线,再在辅助线上取点,此点必在该平面上,如图 4-18a)的立体图所示。在平面上可作出无数条线,一般选取作图方便的辅助线为宜。

2.作图

(1)过 k′在平面上作辅助线 AE 的 V 面投影 a′e′,如图 4-18c)所示。

(2)作出 E 点的 W 面投影 e″和 H 面投影 e,连接 ae 和 a″e″,如图 4-18c)所示。

(3)因 K 点在 AE 上,k 必在 ae 上,k″必在 a″e″上,从而求得 k 和 k″,如图 4-18d)所示。

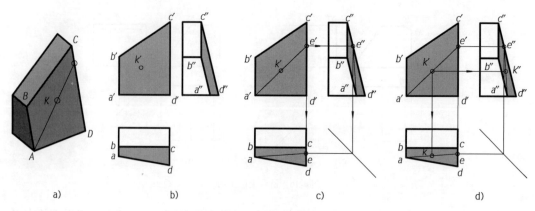

图 4-18 平面上的直线和点

项目五　绘制与识读基本体的投影图

项目描述

道路工程中的形体都可以看作是由一些基本的几何体组合而成。如图 5-1 所示的桥墩由盖梁、立柱、承台、桩基础组合而成,如桥墩盖梁是棱柱体,桥墩立柱是圆柱体,承台是长方体(四棱柱),桩基础的上部是四棱柱,下部桩尖部分是四棱锥。由此可见,我们分析道路工程构造物的投影应该先分析基本形体的投影特性。

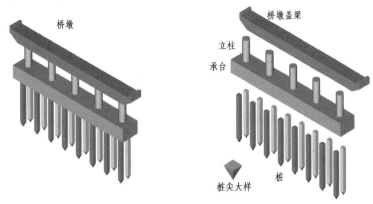

图 5-1　形体的组成

本项目以一些典型的桥梁构件为例,以绘制这些构件的三面投影图为任务,掌握道路工程中常见基本形体(如棱柱、棱锥体、棱台体、圆柱体、圆锥体、圆台体等)投影图的画图与识图方法。

任务一　绘制与识读平面立体的投影图

任务描述

1.以绘制桥墩盖梁的投影图为例,学习棱柱体投影图的绘制与识读方法。
(1)理解棱柱的特点。
(2)掌握棱柱体的投影特征。
(3)掌握棱柱体投影图的画图方法及步骤。
(4)掌握识读棱柱体投影图的方法。

051

> (5)根据桥墩盖梁立体图,绘制其三面投影图。
> 2.以绘制桩基础的桩尖的投影图为例,学习棱锥体投影图的绘制与识读方法。
> (1)理解棱锥体的特征。
> (2)掌握棱锥体的投影特征。
> (3)掌握绘制棱锥体投影图的画图方法及步骤。
> (4)掌握识读棱锥体投影图的方法。
> (5)根据桩尖的立体图,绘制桩尖的三面投影图。
> 3.以绘制桥墩墩身的投影图为例,学习棱台体投影图的绘制与识读方法。
> (1)理解棱台体的特征。
> (2)掌握棱台体的投影特征。
> (3)掌握棱台体投影图的画图方法及步骤。
> (4)掌握识读棱台体投影图的方法。
> (5)根据桥墩墩身的立体图,绘制桥墩墩身的三面投影图。

一、绘制与识读棱柱体的三面投影图

1.棱柱体的投影分析

棱柱分为直棱柱(侧棱与底面垂直)和斜棱柱(侧棱与底面倾斜)。这里只介绍直棱柱。

直棱柱上有一对表面是互相平行且全等的多边形(称之为底面),其余各侧棱面均为矩形,侧棱线相互平行而且垂直于这对表面。

图 5-2 为某桥梁的桥墩盖梁立体示意图,桥墩盖梁是一个棱柱体。下面以桥墩盖梁为例,说明棱柱的投影特性。

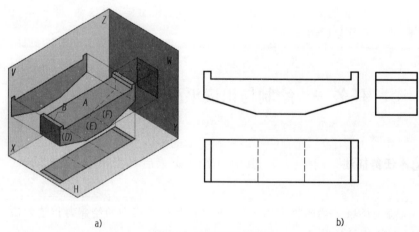

图 5-2 桥墩盖梁的投影

该桥墩盖梁(棱柱体)的前面、后面为全等的多边形,平行于 V 面;其余棱面均为矩形表面,其中上下棱面中的 A、B、C、E 面均为水平面,左、右侧棱面为侧平面,盖梁下面两侧的棱面 D、F 为正垂面。

盖梁的正面投影是一个多边形，它是棱柱前面、后面的反映实形的投影，前面和后面的投影重合，前面可见，后面不可见。多边形的各个边是棱柱各个棱面的积聚投影。

盖梁的水平投影由6个矩形线框组成。盖梁上方的3个棱面 A、B、C 是水平面，其水平投影反映实形；盖梁下面两侧的棱面 D、F 为正垂面，其水平投影是类似形，不可见；盖梁下面中间的棱面 E 为水平面，其水平投影反映实形，不可见；左、右两棱面的水平投影积聚成平行于 Y 轴的直线。

盖梁的侧面投影是3个矩形线框，盖梁左、右两侧面是侧平面，侧面投影反映实形，左、右两侧面的侧面投影重合，左面可见，右面不可见；盖梁下面两侧的棱面 D、F 为正垂面，其侧面投影是类似形，棱面 D、F 的侧面投影重合，D 面可见，F 面不可见。上面3个棱面 A、B、C 的侧面投影积聚成平行于 Y 轴的直线；前、后侧棱面的侧面投影均积聚为平行于 Z 轴的直线。

棱柱体的投影特征：棱柱的一个投影积聚成一个多边形，是棱柱两底面的投影，反映棱柱的形状特征，反映棱柱两底面的实形；而另外两面投影都是由实线或虚线组成的矩形线框。如图5-3所示棱柱体的投影。

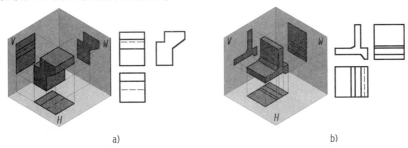

图 5-3　棱柱体的投影

2.识读棱柱体的投影图

读图时，若一个投影为多边形，而另外两面投影是由实线或虚线组成的矩形线框，则该形体是侧棱垂直于多边形所在投影面且底面为与多边形投影全等的棱柱。

图5-4为道路工程中常见的棱柱体的投影，图5-5是对应的立体图，请同学们自己阅读分析（用橡皮泥等切割）。

3.绘制棱柱体的三面投影图（这部分内容要求学生自己完成）

画棱柱体的投影图时，先画两底面反映实形的多边形的投影（两底面的投影重合，反映棱柱的形状特征），再画两底面的其他两面投影，最后将两底面对应点的同面投影用直线连接起来，即可完成作图。

下面以图5-6所示桥墩盖梁为例，分析棱柱体投影图的画图方法。

分析：根据桥墩盖梁的立体图画其三面投影图时，可假想地将桥墩盖梁正放在三面投影体系当中，并向3个投影面投影，再将3个投影面展开，就形成三面投影图。

1）作图步骤

（1）根据桥墩盖梁前后底面的尺寸，画盖梁前后两底面的正面投影（前后两面反映实形的多边形投影），如图5-7b)所示。

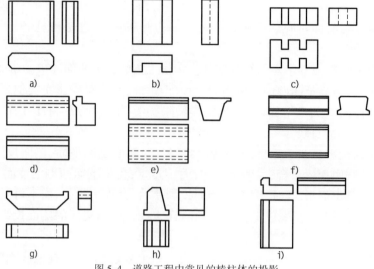

图 5-4 道路工程中常见的棱柱体的投影

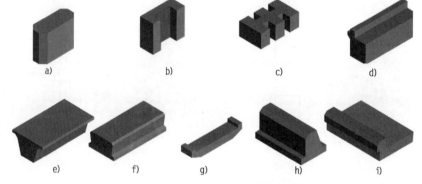

图 5-5 道路工程中常见的棱柱立体图

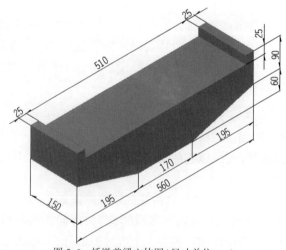

图 5-6 桥墩盖梁立体图(尺寸单位:cm)

(2)由"长对正"和盖梁的宽度在正面投影的正下方画盖梁前后两底面的水平投影,如图 5-7c)所示。

由"高平齐"和盖梁的宽度在正面投影的正右方画盖梁前后两底面的侧面投影,如图 5-7c)所示。

(3)最后将前后两底面对应点的同面投影用直线连接起来,即可完成盖梁的三面投影,如图 5-7d)所示。

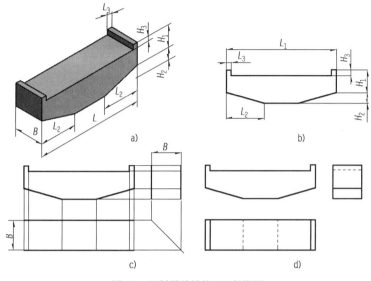

图 5-7　画桥墩盖梁的三面投影图

2)绘图练习

根据图 5-6 所示桥墩盖梁的立体图及尺寸,按 1∶100 的比例绘制其三面投影图。
画图要求:
(1)在 A4 图纸上绘图。
(2)线型要符合国标要求,粗实线线宽为 0.5mm、虚线为 0.25mm,细实线、点划线、波浪线、双折线线宽为 0.13mm。
(3)注意三面投影的对应关系(长对正、高平齐、宽相等)。

二、绘制与识读棱锥体的投影图

1.棱锥体的投影分析

如图 5-8a)所示,为一个正四棱锥的三面投影直观图,该四棱锥的底面平行于 H 于面,其余 4 个棱面均为一般面。

由于底面 ABCD 为水平面,所以它的 H 面投影反映实形,为可见面。底面 ABCD 的 V 面投影为平行于 OX 轴的直线段,而 W 面投影为平行于 OY 轴直线段。

棱面 △SAB、△SBC、△SCD、△SDA 均为一般位置平面,3 个投影都是类似形,在 W 面投影中,△s″a″b″ 与 △s″b″c″ 重合,△s″c″d″ 与 △s″d″a″ 重合;在 V 面投影中,△s′a′b′ 与 △s′d′a′ 重合,△s′b′c′ 与 △s′c′d′ 重合。

4 个侧面的 H 面投影均为不可见,底面的 H 面投影可见,△SAB、△SBC 的 V 面投影可见,△SCD、△SDA 的 V 面投影为不可见,△SAB、△SDA 的 W 面投影可见,△SBC、△SCD 的 W 面投影不可见。

棱锥体的投影特征:棱锥体的一个投影为多边形中嵌套具有公共顶点的三角形,该多边形反映棱锥体的形状特征,反映棱锥体底面的实形(顶点与多边形各角点的连线为侧棱的投影);而另外两投影都是由实线或虚线组成的有公共顶点的三角形线框。

图5-9是常见棱锥体的投影,请同学们自己分析。

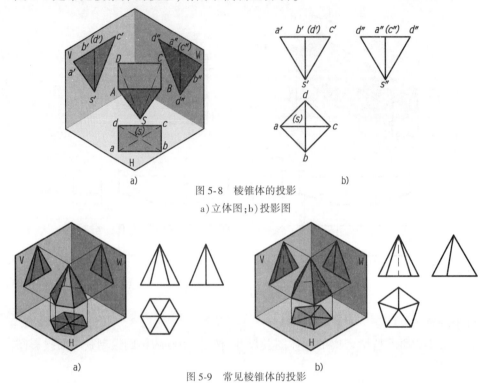

图5-8 棱锥体的投影
a)立体图;b)投影图

图5-9 常见棱锥体的投影

2.识读棱锥体的三面投影图

读图时,若一个投影为多边形中嵌套具有公共顶点的三角形,而另外两投影是由实线或虚线组成有公共顶点的三角形线框,则该形体是底面平行于多边形投影所在投影面,且底面与多边形投影全等的棱锥体。

3.绘制棱锥体的三面投影图(这部分内容要求学生自己完成)

画棱锥体三面投影图时,一般应先画出底面的三面投影,然后确定锥顶S的三面投影,再将锥顶与底面各角点的投影连接起来,即可画出棱锥体的投影图。

下面以图5-10所示桩尖为例分析棱锥体投影图的画图方法。

1)作图步骤:

(1)根据四棱锥底面的尺寸画出底面的H面投影,再由H面投影,求出其V、W面投影,如图5-11a)所示。

(2)根据棱锥体的高度,绘制出锥顶S的三面投影,如图5-11b)所示。

(3)将锥顶与底面各角点的同面投影用直线连接起来,即可完成棱锥体的三面投影,如图5-11c)所示。

2)绘图练习

根据图5-10所示桩尖的立体图及尺寸,按1∶10的比例绘制其三面投影图。

项目五 绘制与识读基本体的投影图

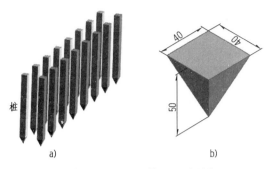

图 5-10 桥梁桩基础的立体图(尺寸单位:cm)

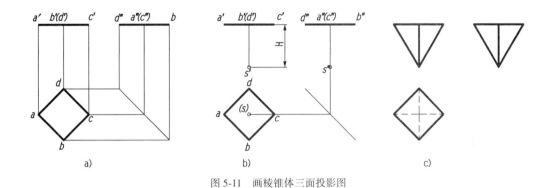

图 5-11 画棱锥体三面投影图

三、绘制与识读棱台体的三面投影图

1.棱台体的投影分析

图 5-12 为八棱台、六棱台的立体图。

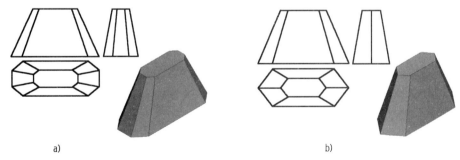

图 5-12 桥墩立柱的投影
a)八棱台;b)六棱台

　　棱锥体的顶部被平行于底面的平面切割后形成棱台体,棱台体的两个底面为平行的且相似的多边形,各侧面均为梯形。
　　棱台体的投影特征:棱台体的一个投影为里、外两个相似多边形(分别反映两底面的实形),两多边形之间嵌套有相应数目的梯形(各梯形为各侧面的投影,两多边形对应顶点之间的连线为侧棱的投影);而另外两面投影都是由实线或虚线组成的梯形线框。

057

2.识读棱台体的三面投影

读图时,若一个投影为里、外两个相似多边形线框,两多边形线框之间嵌套有相应数目的梯形,而另外两面投影都是由实线或虚线组成的梯形线框,则该形体是两底面平行于"里、外两个相似多边形线框"所在的投影面的棱台体。

3.绘制棱台的三面投影(这部分内容要求学生自己完成)

画棱台体三面投影图时,先画两底面反映实形的多边形的投影,再画两底面的其他两面投影,最后将两底面对应点的同面投影用直线连接起来,即可完成作图。

下面以如图5-13a)所示六棱台为例分析棱台体投影图的画图方法。

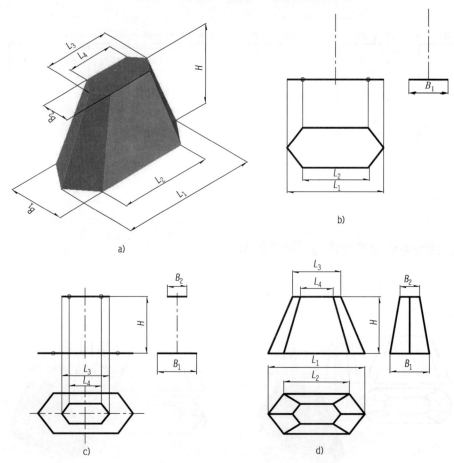

图5-13 画棱台的三面投影图

1)作图步骤

(1)根据底面的长度、宽度尺寸画出底面反映实形的六边形的水平投影。

(2)由底面的水平投影绘制底面的正面投影和侧面投影(注意长对正、高平齐、宽相等),并由六边形的各顶点的水平投影求出对应点的正面投影和侧面投影,如图5-13b)所示。

(3)根据顶面的长度、宽度尺寸画出顶面反映实形的六边形的水平投影。

(4)由顶面的水平投影及六棱柱的高度绘制顶面的正面投影和侧面投影,并由六边形的各顶点的水平投影求出对应点的正面投影和侧面投影,如图5-13c)所示。

(5)将顶面和底面对应点的同面投影用直线连接起来,即可完成作图,如图5-13d)所示。

2)绘图练习

根据图5-14所示桥墩墩身的立体图及尺寸,选择合适的比例绘制其三面投影图。

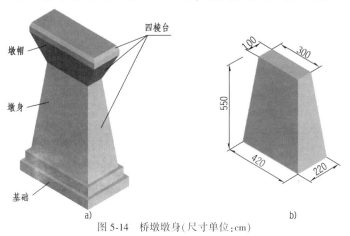

图5-14 桥墩墩身(尺寸单位:cm)

任务二 绘制与识读回转体的投影图

 任务描述

(1)掌握圆柱体的投影特征。
(2)掌握圆锥体、圆台体的投影特征。
(3)掌握圆柱体投影图的画图方法及步骤。
(4)掌握圆锥体、圆台体的投影图的画图方法及步骤。

一、绘制与识读圆柱体的三面投影

1.圆柱体的投影分析

下面以轴线垂直于 H 面的圆柱体为例讨论圆柱体的投影,如图5-15所示。

该圆柱体的 H 面投影为一个圆,反映圆柱体上、下底面的实形,而圆周为圆柱面的积聚投影,圆柱面上任何点和线的水平投影都积聚在该圆上。圆柱体的 V 面投影是一个矩形线框,该矩形线框代表了前半个圆柱面和后半个圆柱面的重合投影,前半部分可见,后半部分不可见。矩形的上、下边为圆柱体上、下底面的积聚投影。矩形的左、右两条边 $a'a_1'$、$b'b_1'$为圆柱面最左、最右素线的投影。圆柱体的 W 面投影也是一个矩形线框,该矩形线框代表了左半个圆柱面和右半个圆柱面的重合投影,左半部分可见,右半部分不可见。矩形的上、下边是圆柱体上、下两个底面的积聚投影。矩形的左、右两条边 $d''d_1''$、$c''c_1''$为圆柱面最后、最前素线的投影。

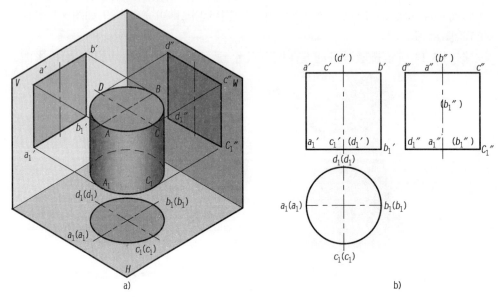

图 5-15 圆柱体的投影

圆柱体的投影特征:圆柱体一个投影是圆,其他两投影是相等的矩形线框。

2.绘制圆柱体的三面投影

画圆柱体的三面投影时,一般先画圆,再根据圆柱体的高和投影规律画出其他两个投影,如图 5-16 所示。

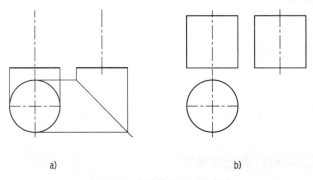

图 5-16 画圆柱体的三面投影图

二、绘制与识读圆锥体和圆台体的三面投影图

1.分析圆锥体的三面投影

下面以轴线垂直于水平投影面的圆锥体为例讨论圆锥体的投影。如图 5-17 为一个圆锥体的三面投影直观图,该圆锥体的轴线垂直于 H 面。

该圆锥体的 H 面投影为一个圆,该圆为圆锥面和底面的重合投影,该圆反映底面的实形。圆锥的 V 面投影是等腰三角形,底边为圆锥底面的积聚投影,两腰 $s'a'$、$s'b'$ 是圆锥最左素线和最右素线的投影。圆锥的 W 面投影也是等腰三角形,底边为圆锥底面的积聚投影,两腰 $s''c''$、$s''d''$ 是圆锥最前素线和最后素线的投影。

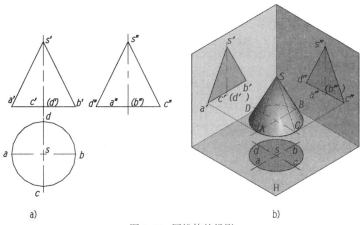

图 5-17 圆锥体的投影

圆锥体的投影特征:圆锥体的一个投影是圆,其他两个体投影是相等的等腰三角形线框。

2.绘制圆锥体三面投影

画圆锥的三面投影时,一般先画圆,再根据圆锥体的高和投影规律画出其他两个投影,如图 5-18 所示。

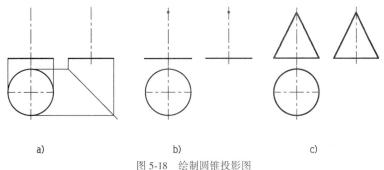

图 5-18 绘制圆锥投影图

3.圆台体的三面投影

圆锥体被平行于底面的平面截去其锥顶,所剩的部分叫圆锥台,简称圆台体。

锥台体的投影特征:一个投影为同心圆(分别反映两底面的实形,两圆之间的部分表示圆台面的投影);而圆台体的其他两面投影均为相等的梯形线框。

图 5-19 为各种位置的圆台体的投影情况,请同学们自行分析。

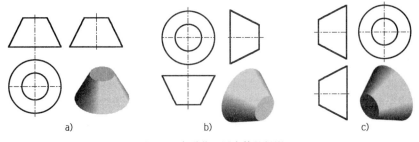

图 5-19 各种位置圆台体的投影

项目六 绘制与识读道路工程中常见组合体投影图

 项目描述

道路工程中的构件大多数都是由若干基本体组合而成的组合体(图 6-1 所示桥梁的桥墩、桥台、T 梁、栏杆等)。组合体的组合形式不同,其画图和读图的方法也不同。本项目在基本体投影的基础上学习各种组合体投影图的绘制与识读方法。

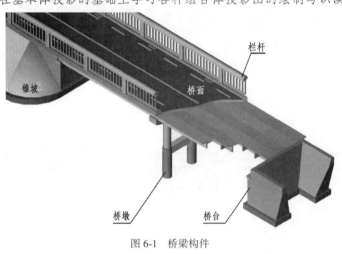

图 6-1 桥梁构件

任务一 绘制道路工程中组合体的投影图

 任务描述

通过绘制桥墩、栏杆的投影图,掌握各种组合体投影图的画法。
(1)了解组合体的类型,掌握组合体表面连接处的画法。
(2)掌握组合体投影图的画图步骤。
(3)掌握叠加型组合体投影图的画图方法。
(4)掌握切割型组合体投影图的画图方法。
(5)掌握综合型组合体投影图的画图方法。
(6)根据各类组合体(叠加型、切割型、综合型组合体)的立体图及尺寸,绘制其三面投影图。

一、组合体的形体分析

1.分析组合体类型

1)叠加型

如图6-2所示的桥墩由桥墩盖梁(棱柱体)、桥墩立柱(圆柱体)、桥墩系梁、桥墩桩柱(圆柱体)4部分叠加而成的组合体。

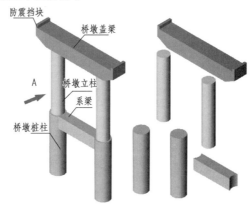

图6-2 桥墩的形体分析

2)切割型

如图6-3a)、b)所示的组合体,都可看成一个基本体(长方体)被几个平面或曲面切割而成的。图6-3a)所示的组合体(栏杆柱)是四棱柱前后各被切去一个八棱柱形成的;图6-3b)所示的组合体(栏杆花板)是长方体被切去3个柱体后形成的。

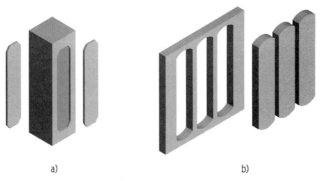

图6-3 切割型组合体

3)综合型

如图6-4所示桥梁的栏杆,由栏杆柱、花板、扶手、基础4部分叠加而成,而栏杆柱和花板部分又是棱柱体被切割而成。

2.组合体两表面的连接形式及连接处的画法

形成组合体的相邻两基本体表面产生的连接形式可分为平齐、相错、相交和相切等几种。

1)平齐

指相邻两基本体表面互相平齐,两表面构成一个完整的平面。投影图上中间连接处没有线隔开,见表6-1。

2)相错

指相邻两基本体表面互相错开或不平齐。投影图上中间连接处应画线隔开,见表6-1。

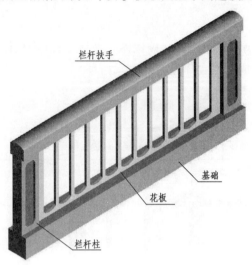

图6-4 综合型组合体

3)相切

指两相邻基本体表面彼此相切(曲面与曲面、曲面与平面相切),两表面结合处光滑过渡。投影图上相切处不应画线,见表6-1。

4)相交

指相邻两基本体表面彼此相交时,在两表面相交处一定会产生表面交线。投影图上相交处应画出交线,见表6-1。

二、组合体投影图的绘制

1.画组合体投影图的步骤

1)确定立面图

投影图随形体放置和立面图方向的不同而改变,一般应按工程中的自然位置放置立面图,应把能较多地反映出组合体形状和位置特征的某一面作为立面图的投影方向,并尽可能使形体上主要面平行于投影面,以便使投影能得到实形,同时还要兼顾其他两个投影图表达的清晰性,即尽可能减少其他投影图中的虚线。

以图6-2所示桥墩为例,以 A 向作为立面图的方向,即符合上述要求。

2)确定投影图数量

确定投影图数量的原则是在把形体表达足够充分的前提下,尽量减少投影图数量。

3)选比例、定图幅

投影图确定后,还要根据组合体的总体大小和复杂程度,按《国标》规定选择适当的图幅和比例。

项目六 绘制与识读道路工程中常见组合体投影图

组合体两表面的连接形式　　　　　　表 6-1

	立 体 图	正确投影图	错误投影图
表面平齐	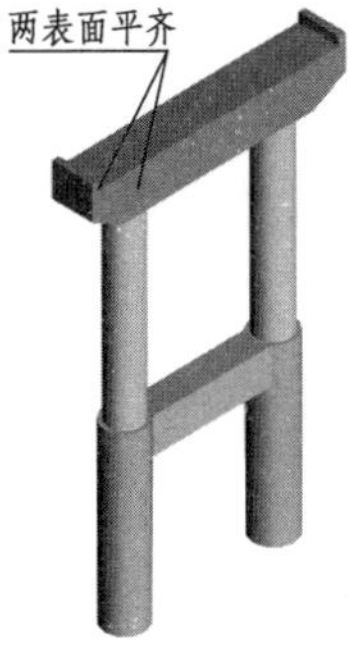 两表面平齐	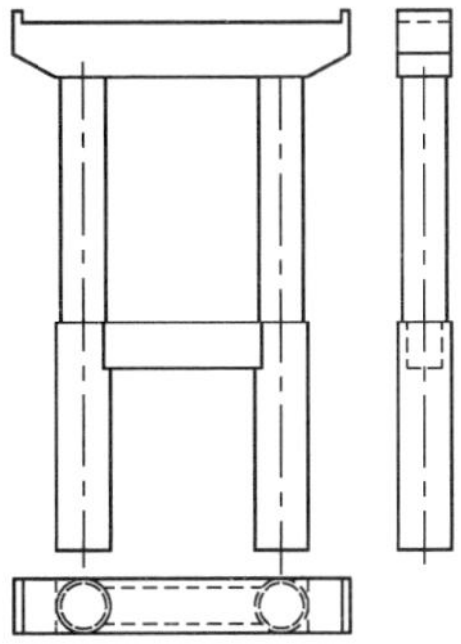	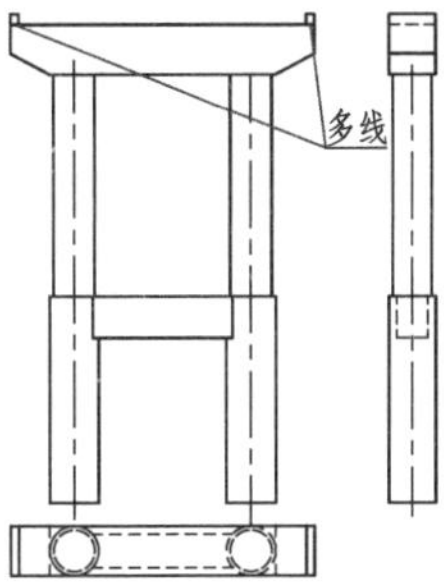 多线
表面相错	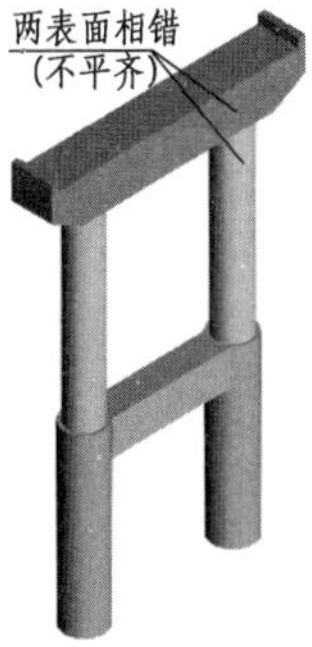 两表面相错（不平齐）	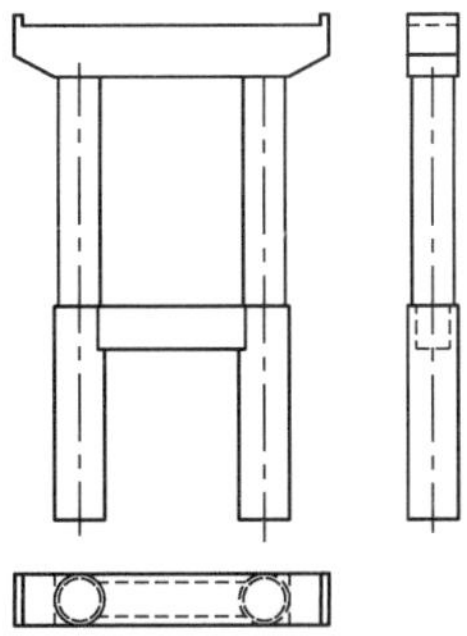	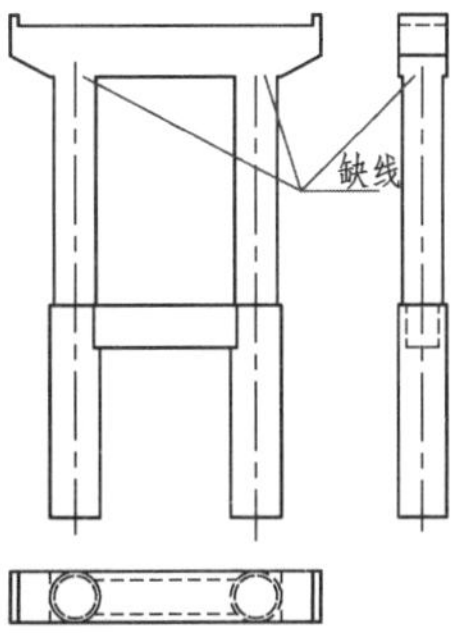 缺线
表面相切	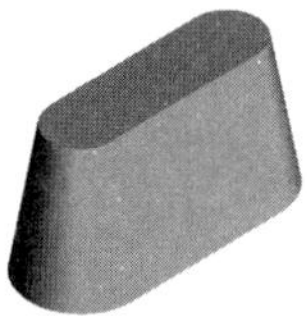	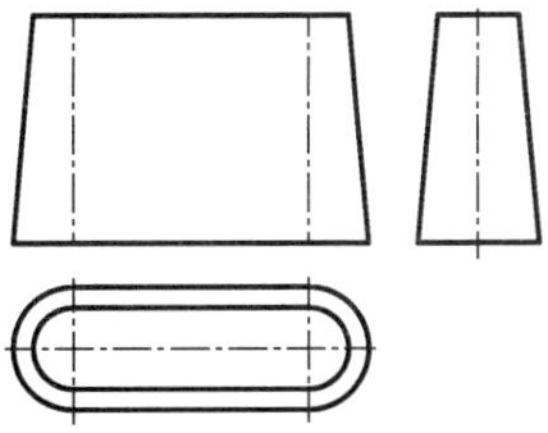	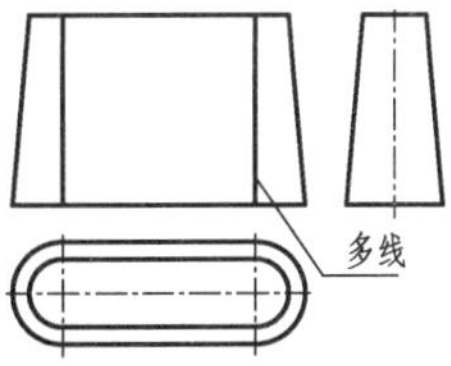 多线
表面相交	 两表面相交	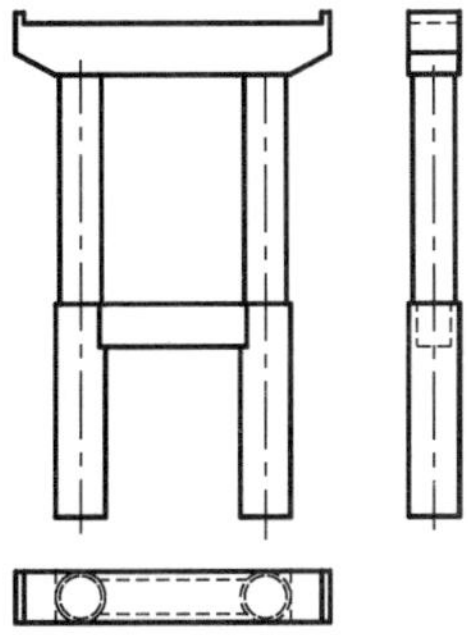	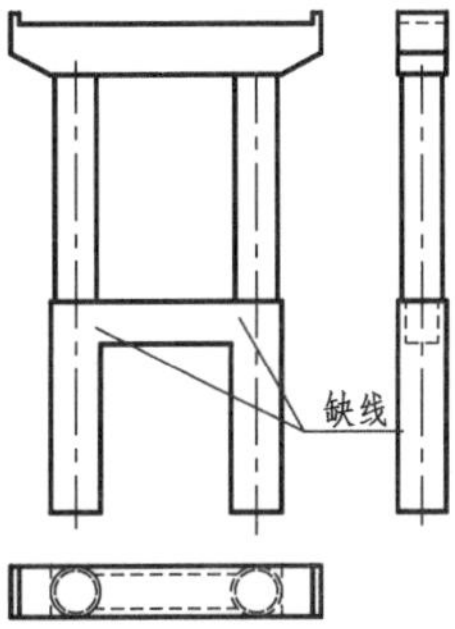 缺线

4)布置投影图

布图时,根据所选比例和组合体的总体尺寸,可粗略算出各投影图范围大小,并布置匀称图面。考虑标注尺寸和注写文字的位置后,再作适当调整,便可定出各投影图的对称线、主要端面轮廓线的位置,作为作图基准线,布图要求平衡、匀称、协调。

5)画底图

为了迅速而正确地画出组合体的三面投影图,画底稿时,组合体的每一个部分,最好是3个投影图配合着画。每个部分也应从反映形状特征的投影先画,而不是先画完一个投影图后再画另一个投影图。这样,可以提高绘图速度,避免漏画和多画图线。

6)检查、描深。

2.绘制组合体投影图(这部分内容要求同学自己完成)

1)绘制桥墩(叠加型组合体)的投影图

(1)绘图方法。

图6-5所示的桥墩可以想成是由几个基本体叠加而成的组合体,即叠加型组合体(叠加体)。

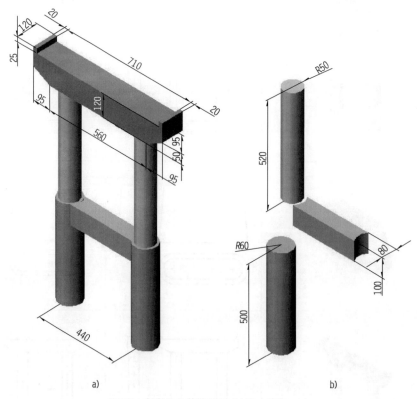

图6-5 桥墩的立体图及尺寸(尺寸单位:cm)

画叠加体的投影图时,应先将组合体分解成若干基本体,分析清楚各基本体的形状和相互位置,然后按相对位置逐个画上各基本体的投影,并依次叠加,便可得到组合体的投影。如图6-5所示的桥墩,其作图步骤可按图6-6a)、b)、c)、d)的顺序进行。

画盖梁部分的投影时,盖梁的正面投影反映形状特征,所以先画其正面投影;立柱与桩柱的形状特征都集中在水平投影上,所以画立柱的投影时,先画水平投影,再画其他投影。画系梁的投影时,先画水平投影,确定交点,再画其他两投影,注意在水平投影中被盖梁遮挡,这时要将被遮挡的轮廓线画成虚线。

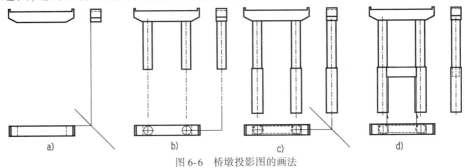

图 6-6　桥墩投影图的画法

各基本体的投影叠加完成后,特别要注意表面连接处的处理,不同连接形式的连接处画法不同,见表 6-1。被遮挡部分的轮廓线要画成虚线。

(2)绘图练习。

根据图 6-5 所示桥墩的立体图及尺寸,按 1∶100 的比例绘制其三面投影图。

2)绘制栏杆柱(切割型组合体)的投影图

(1)画图方法。

图 6-7 所示栏杆柱可以想成是由基本体切割而成的组合体,即切割型的组合体(切割体)。该栏杆柱是四棱柱被前后各切去一个八棱柱而形成的形体。

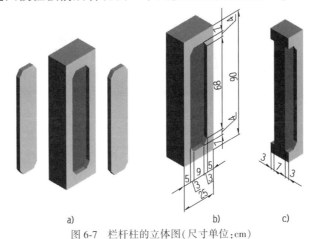

图 6-7　栏杆柱的立体图(尺寸单位:cm)

画切割体的投影图时,可先画出原始基本体四棱柱的投影,然后根据被切割部分的形状、定形尺寸(确定形状的尺寸)及定位尺寸(确定位置的尺寸)画出被切割后形体的投影。如图 6-7 所示桥梁的栏杆柱,可以按照图 6-8a)、b)、c)、d)的顺序进行。

(2)绘图练习。

根据图 6-7 所示栏杆柱的立体图及尺寸,按 1∶10 的比例绘制其三面投影图。

*3)绘制栏杆(综合型组合体)的投影图

(1)绘图方法。

如图 6-9 所示桥梁栏杆由栏杆基础、栏杆柱、栏杆花板、栏杆扶手组成,而栏杆柱、栏杆花板又是由基本体被切割而成的,所以该栏杆是综合型的组合体。

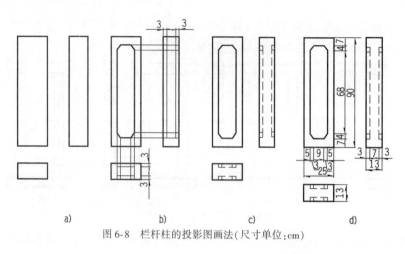

图6-8 栏杆柱的投影图画法(尺寸单位:cm)

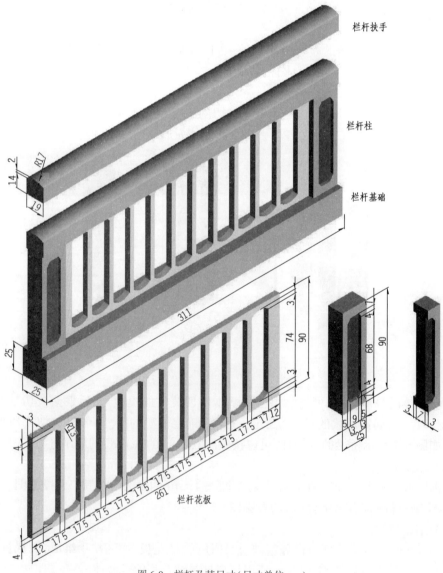

图6-9 栏杆及其尺寸(尺寸单位:cm)

项目六 绘制与识读道路工程中常见组合体投影图

画综合型组合体的投影图时,和叠加体的画法相同,根据部分的相对位置逐个画出组合体各组成部分的三面投影,如图 6-10 所示。

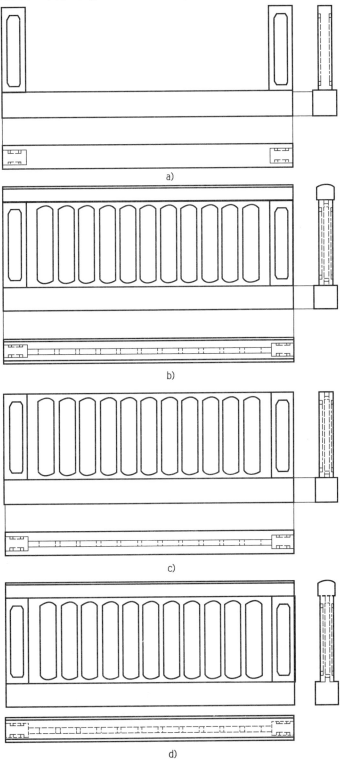

图 6-10 绘制栏杆的投影

①首先绘制栏杆基础的三面投影图,如图6-10a)所示。

②根据栏杆柱与基础左右侧表面平齐关系及前后方向的对称关系,在栏杆基础投影之上绘制栏杆柱的三面投影,如图6-10a)所示。

③根据花板的尺寸及其与栏杆基础的对称关系,在基础的投影之上及栏杆柱之间绘制花板的三面投影,在侧面投影中花板被左侧栏杆柱遮挡,是不可见,所以花板的侧面投影改为虚线,如图6-10b)所示。

④根据栏杆护手的尺寸及其与栏杆柱、花板的对称关系,绘制栏杆护手的三面投影,如图6-10c)所示。在水平投影中栏杆柱、花板被栏杆护手遮挡,是不可见的,所以栏杆柱、花板的水平投影改为虚线,如图6-10d)所示。

(2)绘图练习。

根据图6-9所示栏杆的立体图及尺寸,选择合适的比例在A3图纸上绘制其三面投影图。

任务二　绘制截切体和相贯体的投影图

任务描述

(1)了解截切体、截交线的有关概念。
(2)掌握平面截切体投影图的画法。
(3)了解常见回转体的截交线的种类。
(4)掌握曲面截切体投影图的画法。
(5)了解相贯体、相贯线的有关概念。
(6)掌握平面立体与回转体相交形成的相贯体投影图的画法。
(7)掌握两回转体相交形成的相贯体投影图的画法。

一、绘制截切体的投影

工程上的许多结构物可看作是由基本体经平面截切而成的。如图6-11a)所示的斜圆管涵的圆管及图6-11b)所示的斜空心板均可看作是被斜截面截切而成的截切体。

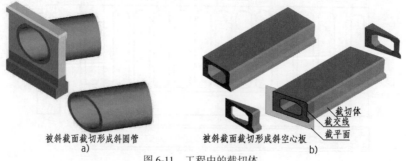

图6-11　工程中的截切体
a)斜圆管;b)斜空心板

基本体被平面所截(即平面与基本体相交)形成的形体称为截切体,截切基本体的平面称为截平面,截平面与基本体表面的交线称为截交线,如图6-11b)所示。

在基本体投影的基础上做出截交线的投影,去掉被截部分的棱线或轮廓线的投影就得到截切体的投影。

1.绘制平面截切体的投影图

平面立体被平面截切,截交线是一封闭的平面折线——即平面多边形,多边形的各边是截平面与立体相应棱面的交线,多边形的顶点是截平面与立体相应棱线的交点。因此求平面立体的截交线,就是求出截平面与平面立体上各被截棱线的交点,然后依次连接即得截交线。

下面以图6-12b)所示的桥台翼墙为例,分析平面截切体的投影图画法。

1)投影分析

图示的桥台翼墙可以认为是由图6-12c)所示的六棱柱被侧垂面截切得到的。截平面与六棱柱相交,形成六边形的截交线ⅠⅡⅢⅣⅤⅥ。截交线上Ⅰ、Ⅱ、Ⅲ、Ⅳ、Ⅴ、Ⅵ各点是截平面与六棱柱棱线的交点。

因为六边形ⅠⅡⅢⅣⅤⅥ是侧垂面,其W面投影有积聚性,积聚成直线。又由于六棱柱各侧面都垂直于V面,其正面投影有积聚性,所以截交线ⅠⅡⅢⅣⅤⅥ的正面投影与六棱柱的正面投影重合,只需要求其水平投影,可利用积聚性作图。

2)作图步骤

(1)做出完整的六棱柱的投影,如图6-12e)所示。

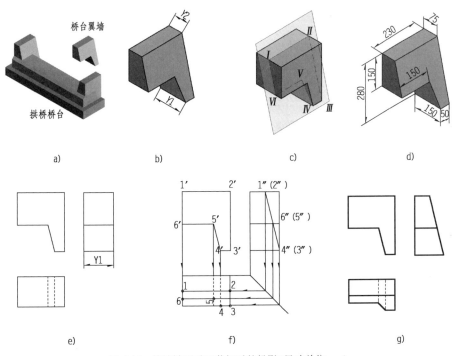

图6-12 棱柱被正垂面截切后的投影(尺寸单位:cm)

(2)因为截交线的V面投影与六棱柱的V面投影重合,可以直接确定出截交线上各点的正面投影 1′、2′、3′、4′、5′、6′，又因为截断面的 W 面投影积聚成直线，所以侧面投影 1″、2″、3″、4″、5″、6″也可直接确定，如图 6-12f)所示。

（3）根据在直线上取点的方法(或由点的两面投影求第三面投影的方法)做出其水平投影 1、2、3、4、5、6，如图 6-12f)所示。

（4）依次连接点 1、2、3、4、5、6，即可得到截交线的水平投影。擦去被截掉部分的棱线即可得到肋板的三面投影，如图 6-12g)所示。

3）绘图练习(同学自己完成)

选择合适的比例，绘制图 6-12d)所示桥台翼墙的投影图。

2.绘制回转截切体的投影图

回转体被平面所截，截交线是封闭的平面曲线，或是曲线和直线组成的平面图形，或是平面多边形。回转体不同，截平面相对于回转体的位置不同，回转体被平面所截产生的截交线也不同，截平面一般都与某投影面平行或垂直，这样截交线在相应投影面上的投影反映实形或积聚成直线。表 6-2 是常见回转体的截交线。

常见回转体的截交线　　　　　　　　表 6-2

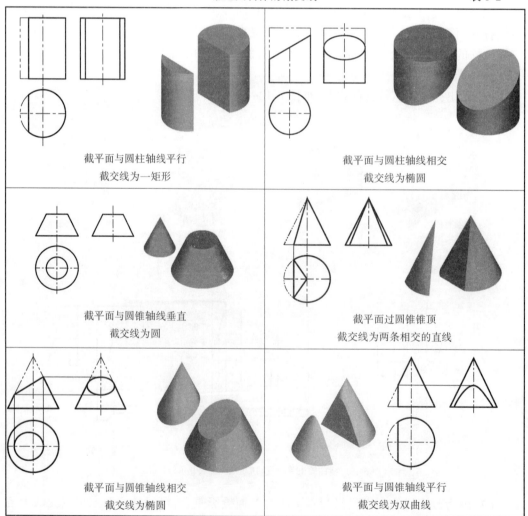

续上表

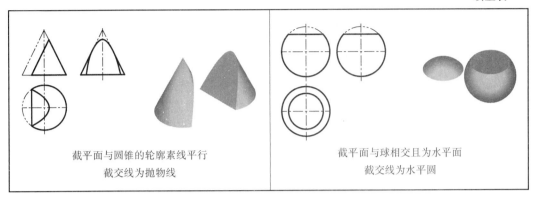

下面以图 6-13e)所示的圆柱截切体为例,分析回转截切体的投影图画法。

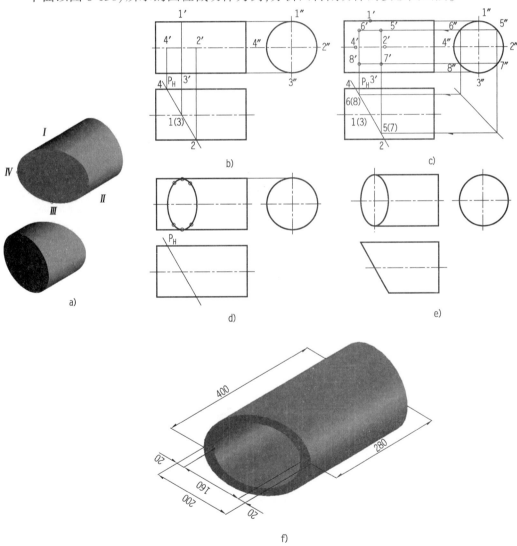

图 6-13 圆柱截切体的投影(尺寸单位:cm)

1)投影分析

如图6-13a)所示,圆柱被铅垂面所截切,因为平面和圆柱轴线斜交,截交线为椭圆。因为圆柱面的 W 面投影有积聚性,因此截交线的 W 面投影与圆柱的投影重合,即截交线的 W 面投影就在圆周上。又因为截平面 P 是铅垂面,所以截交线的 H 面投影与 P 平面的 H 面积聚投影重合,因此可利用截交线的两面投影求其 V 面投影。

2)作图步骤

(1)做出完整圆柱的三面投影图,如图6-13b)所示。

(2)求截交线。

①求特殊点:根据圆柱体表面取点的方法,求出截交线上的最高点Ⅰ、最低点Ⅲ、最前点Ⅱ、最后点Ⅳ的三面投影 Ⅰ(1、1′、1″)、Ⅲ(3、3′、3″)、Ⅱ(2、2′、2″)、Ⅳ(4、4′、4″),如图6-13b)所示。

②求一般位置点:Ⅴ、Ⅵ、Ⅶ、Ⅷ各点为一般位置点,先在 W 面投影中定出这些点的 W 面投影(5″、6″、7″、8″),再在 H 面投影中定出这些点的 H 面投影(5、6、7、8),根据点的投影规律求出它们的 V 面投影(5′、6′、7′、8′),如图6-13c)所示。

③依次光滑连点 1″、5″、2″、7″、3″、8″、4″、6″,即可得到截交线的正面投影,如图6-13d)所示。

(3)擦掉被截取部分的轮廓线,就可完成截切体的投影。

3)绘图练习(同学自己完成)

选择合适的比例,绘制图6-13f)所示斜圆管的投影图。

二、绘制相贯体的投影

工程上的许多结构物是由多个基本体相交而成的。如图6-14a)所示为桥墩上系梁与桩柱的相交情况,图6-14b)为检查井与排水管的相交情况。

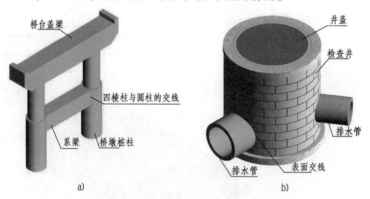

图6-14 工程上的相贯体

相交的两立体称为相贯体,两立体表面的交线称为相贯线。

相贯线是两立体表面的共有线,相贯线上每一个点都是两立体表面的共有点。根据这一性质求相贯线的问题,实际上可归结为求两相贯体表面上一系列共有点的问题。

在两个基本体投影的基础上做出相贯线的投影,因相贯线是两立体表面的分界线,所以擦掉两个基本体上落在相贯线另一侧的部分棱线或轮廓线的投影就得到相贯体的投影。

1. 绘制平面立体与曲面立体形成的相贯体的投影

平面立体与曲面立体相交的相贯线一般是由若干段平面曲线或直线与平面曲线所组成的空间闭合线。构成相贯线的每一条线段是平面立体参与相贯的棱面与曲面立体表面的截交线。各线段的转折点，就是平面立体上参与相贯的棱线与曲面立体的贯穿点。

下面以图 6-15d)所示圆柱与四棱柱的相贯体为例,分析平面立体与曲面立体相贯体的投影图画法。

1) 投影分析

圆柱与四棱柱相贯,相贯线是一个空间四边形,前后对称。相贯线的 H 面投影与圆柱的 H 面投影重合,相贯线的侧面投影与四棱柱的侧面投影重合,只需求出其 V 面投影。

2) 作图步骤

(1) 画相贯的两立体的投影图。

(2) 求贯穿点：四棱柱的 4 条棱线都参加了相贯,产生 4 个贯穿点 Ⅰ、Ⅱ、Ⅲ、Ⅳ,4 个贯穿点的 W 面投影 1″、2″、3″、4″和 H 面投影 1、2、3、4 可直接确定,可根据各点的 W、H 投影求出它们 V 面投影,如图 6-15b)所示。

(3) 依次连接 1′2′4′3′,其中 1′3′和 2′4′为两段圆弧的投影,与四棱柱的上、下表面的投影重合,如图 6-15c)所示。

(4) 去掉四棱柱落在相贯线右侧的投影及圆柱左侧轮廓线落在相贯线左侧的投影,完成相贯体的投影。

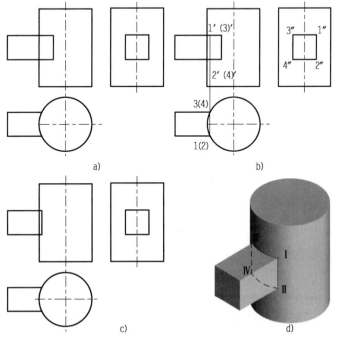

图 6-15　圆柱与四棱柱相贯体的投影

图 6-16 所示为桥墩桩柱与系梁相贯的投影图,请同学们自己分析。

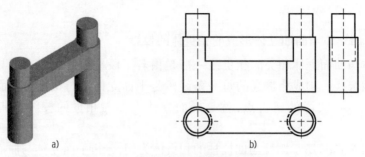

图6-16 桩柱与系梁相贯体的投影

2.绘制两曲面立体形成的相贯体的投影

两曲面立体相交时,相贯线一般是光滑的、闭合的空间曲线,特殊情况下是平面曲线或直线。

下面以图6-17b)所示的相贯体为例,分析两曲面立体相贯体的投影图画法。

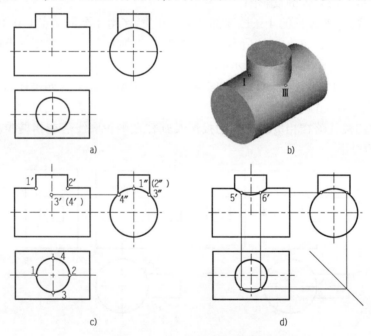

图6-17 两正交圆柱的相贯线
a)已知条件;b)立体图;c)作图过程;d)作图结果

1)投影分析

两圆柱的轴线垂直相交,有共同的前后对称面、左右对称面,因而相贯线也是一条封闭的前后对称、左右对称的空间曲线。

因为小圆柱的轴线垂直 H 面,在 H 面上投影积聚成圆,所以相贯线的 H 面投影与该圆重合。又因为大圆柱的轴线与 W 面垂直,在 W 面上的投影积聚为圆,相贯线的 W 面投影与大圆柱的 W 面投影重合,为一段圆弧。因此,只需求作相贯线的 V 面投影。

2)作图步骤

(1)求特殊点。最高点Ⅰ、Ⅱ(也是最左、最右点,又是大圆柱和小圆柱轮廓线上的点)的正面投影 1′、2′可以直接定出,最低点Ⅲ、Ⅳ(也是最前、最后点,又是侧面投影中小圆柱轮廓线上的点)的正面投影 3′、4′可根据侧面投影 3″、4″求出。

(2)求一般位置点。Ⅴ、Ⅵ两点为相贯线的两个一般位置点,从 H 面投影 5、6 求得 5″、6″,进而求得 5′、6′。

(3)连点成相贯线。在 V 面投影中顺次光滑连接 1′5′3′6′2′(1′4′2′与 1′5′3′6′2′重合),即为所求相贯线的 V 面投影。

(4)可见性的判别。由于相贯线是对称的,前后两部分的 V 面投影重合,所以用实线连接。

图 6-18 所示为两圆管相贯的投影情况,请同学们自行分析。

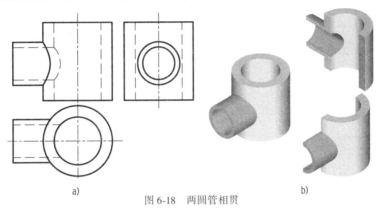

图 6-18 两圆管相贯

任务三　识读道路工程中常见组合体投影图

任务描述

(1)理解投影图中线和线框的含义。
(2)理解投影图中线框包围中的线框的含义。
(3)能在投影图中找到对应关系。
(4)当平面的两个投影为封闭线框,另外一个投影为斜直线时,该平面是什么位置的平面?
(5)当平面的一个投影为封闭线框,另外两个投影为直线时,该平面为什么位置的平面?
(6)了解柱状体的投影特征。
(7)柱状体反应形状特征的是哪个投影?
(8)读柱状体投影应该从哪个投影着手,应该尽量避开哪个投影?
(9)形体分析法适合读哪一种组合体的投影图?
(10)线面分析法适合读哪一种组合体的投影图?
(11)线面分析法读图过程中可以借助什么帮助读图?

一、读组合体投影图的要点

1. 几个投影图联系起来分析

组合体的每个投影图只反映形体某一个侧面的特征，而不反映形体的全貌。读图时一定要把三面投影图联系起来，综合各个侧面的特征想象形体的空间形状。

图6-19a)、b)、c)、d)、e)、f)所示6个形体的正面投影相同，图6-19a)、b)、c)侧面投影是相同的，图6-19d)、e)、f)侧面投影也是相同的，但他们却表示不同的形体。所以一定要通过投影对照，把三面投影联系起来，才能正确地想象出形体的空间形状。

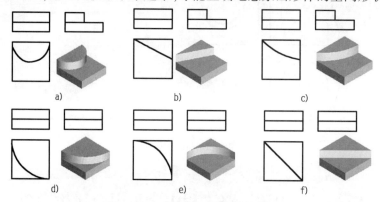

图6-19 一个或两个投影相同的形体

2. 分析投影图中线和线框的含义

投影图是由若干图线组成的，图线构成不同形状的线框，分析线和线框的意义是读图的基础，是对组合体的投影作形体分析、线面分析的必备条件。

1）投影图中线的含义

投影图中的线多数情况下是形体上某一侧面的积聚投影，也可能是形体上两个侧面交线的投影，再一种可能是曲面体轮廓线的投影。

以图6-20所示形体为例，图6-20a)中的直线 a' 是圆台的轮廓素线。图6-20b)中的直线 b'、c' 是棱台顶面 B 和棱台侧面 C 的积聚投影，图6-20c)中的直线 d 和 d' 是棱锥相邻两个侧面交线 D 的 V 面投影及 H 面投影。

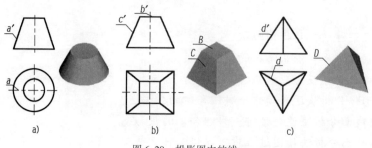

图6-20 投影图中的线

通过投影对齐,分析有无积聚性,有无曲线与之对应,线的意义是不难确定的。

2)投影图中线框的含义

(1)投影图中线框。投影图中的线框通常是代表形体表面上某一个侧面的实形或类似形,有时是表示曲面。

以图 6-21 所示形体为例,图 6-21a)中正面投影的线框 a' 表示的是正平面 A 的反映实形投影。图 6-21b)中正面投影的线框 b' 是铅垂面 B 的类似形的投影。图 6-21c)中正面投影的线框 c' 是圆柱面的投影。

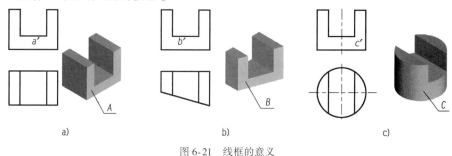

图 6-21 线框的意义

(2)投影图中的相邻线框。投影图中相邻的封闭线框一般表示不同位置的表面,而线框中间的公共边可能表示把两个形体隔开的第三个表面的积聚投影或表示形体两表面交线的投影。如图 6-22a)侧面投影中线框 a'' 与 b'' 表示两个左右位置不同的表面,线框 a'' 与 b'' 的公共边 c'' 表示水平面 C 的积聚投影,如图 6-22b)所示;水平投影中线框 d 与 e 的公共边 f 表示侧垂面 E 与水平面 D 面的交线 F 的投影。

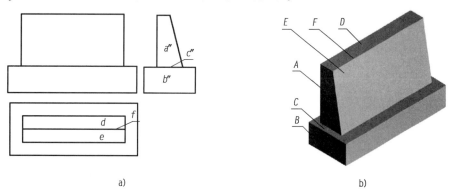

图 6-22 线框的意义

(3)投影图中线框包围中的线框。投影图中线框包围中的线框可能表示凸面或凹面,也可能表示通孔。如图 6-23a)、b)表示桥梁栏杆柱的投影,图 6-23a)中线框 a' 与 b' 表示两个平行面,B 面凸起;图 6-23b)中线框 c' 与 d' 表示的两个面也是平行面,D 面为凹面;图 6-23c)表示桥梁栏花板部分的投影,图中线框 e' 包围中的线框 f' 表示通孔。

3.在投影图中找对应投影关系

读图时在三面投影中分析出点、线、面的对应投影是很重要的。下面介绍一些通过找投影关系来识别线、面的方法。

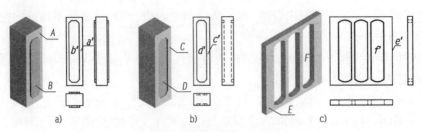

图 6-23 线框包围中的线框

（1）相邻投影图中对应的一对线框如果是同一平面的投影，它们必定是类似形，而且是几边形对应几边形，平行边对应平行边，线框各顶点投影符合点的投影规律，且各顶点连接顺序相同，如图 6-24 所示 p' 和 p。

（2）相邻投影图中对应投影无类似形，必定积聚成线。

如果某一投影图中的一个线框在相邻投影图中找不到对应的类似形线框时，则在相邻投影图中必定能找到其积聚为线的投影。如图 6-24 所示，正面投影中的线框 p' 在侧面投影图中无类似形，按高平齐的关系只能对应侧面投影图中的斜线 P''。同理，侧面投影图中的线框 q'' 只能对应水平投影中的竖线 q 及正面投影中的竖线 q'。

当平面的两个投影为封闭线框，另外一个投影为斜直线时，该平面垂直于投影为斜直线的投影面，如图 6-24 中的 P 面为侧垂面。当平面的一个投影为封闭线框，另外两个投影为直线时，该平面平行于投影为封闭线框的投影面，如图 6-24 中的 Q 面为侧平面。

二、识读柱状体的投影图

1. 柱状体

图 6-25 所示桥台翼墙可以看作是棱柱体被一侧垂面切割形成的柱状体。

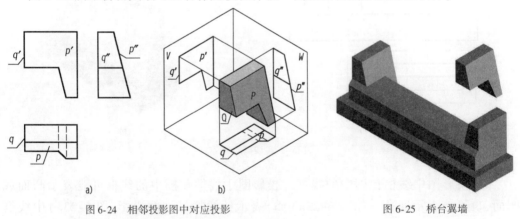

图 6-24 相邻投影图中对应投影
a）投影图；b）立体图

图 6-25 桥台翼墙

一般来讲，柱状体的三面投影图中有一个投影图是一个封闭线框，而另外两个投影图中的大多数线条互相平行，且都是平行于同一投影轴，且该封闭线框反映柱状体的形状特征，如图 6-26a）所示桥台翼墙的三面投影图。

2. 读图方法

读柱状体的投影图时，可把反映立体形状特征的投影（封闭线框）沿其投影方向拉伸为柱体,并结合相邻的比较简单的投影切割成柱状体。这种读图的方法即为拉伸法,如图 6-26b)、c)、d)、e)所示。

图 6-26a)的正面投影是一个封闭的多边形线框,侧面投影中大多数线条是 Y 轴方向的平行线,可以确定该形体是由正面上的多边形向前(Y 轴方向即侧面投影中平行线线条的方向)拉伸出来的柱体或柱状体。由于正面投影的多边形在侧面投影中没有对应的类似多边形,而是积聚成前后两条直线,前面是一条斜直线,说明该柱状体的前面是侧垂面。即该柱状体是由正面投影中封闭线框沿 Y 轴拉伸出柱体后被侧垂面截切成柱状体,如图 6-26e)所示的立体图。

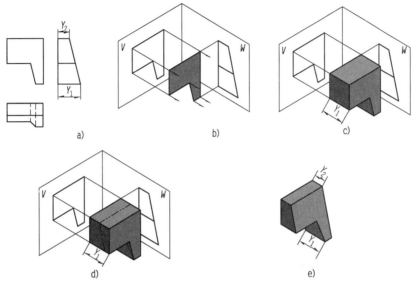

图 6-26 桥台翼墙投影图识读

用拉伸法读图的关键是抓住反映立体形状特征的封闭线框及相邻的较简单的投影图中的斜线,此时应尽量避开比较复杂的投影。

3.读图练习(要求同学自己完成)。

(1)用拉伸法识读图 6-27a)所示的某隧道洞门墙的三面投影,用橡皮切割出隧道洞门墙的立体模型。

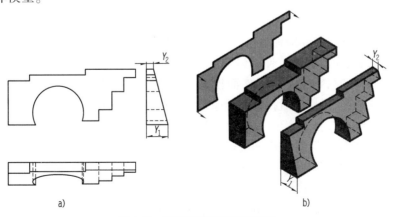

图 6-27 识读隧道洞门墙的投影图

正面投影是封闭线框,分析的重点是正面投影的封闭线框和比较简单的侧面投影,避开比较复杂的水平投影。

(2)用拉伸法阅读图6-28a)所示石拱涵端墙的三面投影图,用橡皮切割出石拱涵端墙的立体模型。

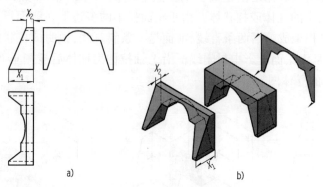

图 6-28　识读石拱涵端墙的投影图

侧面投影是封闭线框,分析的重点是侧面投影的封闭线框和比较简单的正面投影,避开比较复杂的水平投影。

三、识读叠加体的投影图

图 6-29 所示为圆管涵端墙的三面投影图,从 V 面投影可以看出,涵洞洞口是由 3 部分叠加起来的叠加体,所以应该把它分解成一些基本体来分析。

下面就以图 6-29 所示的涵洞端墙为例来说明叠加体投影的读图方法。

(1)形体分析。

从 V 面投影可以看出,涵洞端墙是由 3 部分叠加起来的叠加体,从 V 面投影中可分出 3 个线框,即可把涵洞洞口分为:基础、墙身、缘石三个基本体,如图 6-29a)所示。

(2)分别找出各线框对应的其他投影,并结合各基本体反映形状特征的投影想象形体的形状。

由于组合体各组成部分的形状和位置特征并不一定都集中在某一个方向上,因此反映各部分形状特征和位置特征的投影也不会都集中在某一个投影图上。读图时必须善于找出反映特征的投影。

①读基础部分时,首先应抓住水平投影中反映其形状特征的矩形线框读起,再结合其 V 面、W 面投影,可以通过拉伸法想象出它的形状,如图 6-29b)所示。

②读缘石部分时,首先应抓住 W 面投影中反映其形状特征的五边形线框读起,再结合其 V 面、H 面投影,可以通过拉伸法想象出它的形状,如图 6-29c)所示。

③读墙身部分时,首先应可以先抓住 W 面投影中反映其形状特征的梯形线框读起,再结合其 V 面、H 面投影,拉伸出四棱柱,然后在拉出的四棱柱的基础上挖一个圆柱状的孔,即为墙身的空间形状,如图 6-29d)所示。

(3)综合想象整个形状。

根据基础、墙身、缘石间的相对位置,可综合想象出整个涵洞洞口的形状,如图 6-29e)所示。此时要抓住有位置特征的投影图。

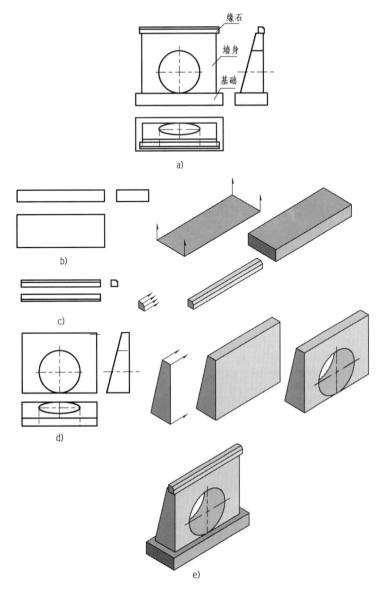

图 6-29 识读圆管涵端墙的投影图

先以特征比较明显的投影图着手,根据投影图间的投影关系,把组合体分解成一些基本体,并想象各基本体的形状,再按它们之间的相对位置,综合想象组合体的形状。此读图方法称为形体分析法,常用于叠加型组合体。

用形体分析法读图时,读每一个基本体时可以采用拉伸法、线面分析法(随后讲)。

四、识读切割体的投影图

1.读图方法

图 6-30 所示涵洞洞口八字墙可以看作是被多个平面切割形成形体的不规则切割体,此时形体的三面投影均是有缺角或缺口的矩形,如图 6-31 所示涵洞洞口八字墙的投影。

这时需要分析形体上表面的形状及面与面之间的交线,并借助立体的概念想象出组合体的形状。这种方法称为线面分析法(切割法)。

下面就以图 6-30 所示的涵洞洞口八字墙为例来说明切割体投影的读图方法。

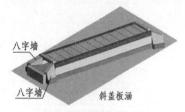

图 6-30 涵洞洞口八字墙

1)确定物体的原始基本体形状

由图 6-31a)可知,形体的三面投影均是有缺角或缺口的矩形,可初步认定该形体是由长方体切割而成的,如图 6-31d)所示。

2)确定切割面的位置和面的形状

如图 6-31b)所示,在水平投影中有矩形线框 a,侧面投影中有对应的矩形线框 a'',而在 V 面投影中可找出与它对应的斜线 a',可见平面 A 为四边形的正垂面。形体左上角是由一正垂面切割而成的。

如图 6-31c)所示,在 V 面投影中有梯形线框 b',侧面投影中有类似的梯形线框 b'',水平投影中可找出与它对应的梯形线框 b,可见平面 B 是一般位置的平面。形体左前角是由一般位置的平面切割而成的。

3)根据原始基本体形状、各截切面与基本形体的相对位置想象切割出组合体的形状

本例中,原始基本体是长方体,首先可假想在长方体上用相应的正垂面切去左上角,如图 6-31e)所示,其次可假想在图 6-31e)所示的基础上用一般位置的平面切去左前角部分,如图 6-31f)所示,最后便得到组合体形状,如图 6-31g)所示。

在用线面分析法读图时,可借助切割橡皮或橡皮泥来帮助读图。

2.读图练习(要求同学自己完成)

如图 6-32 所示的是涵洞洞口八字墙的三面投影图,根据其三面投影,阅读并想象其空间形状,并用橡皮按一定的比例切割出八字墙的立体模型。

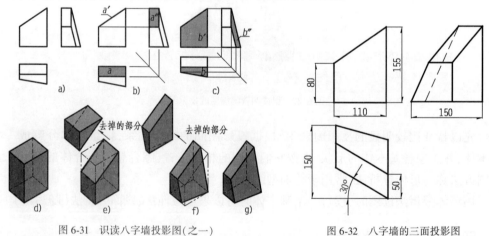

图 6-31 识读八字墙投影图(之一)   图 6-32 八字墙的三面投影图

(1)确定物体的原始基本体形状,如图 6-33e)所示。
(2)确定切割面的位置和面的形状。

如图 6-33b)所示,在 H 面投影中有平行四边形线框 a,W 面投影中有对应的平行四边形线框 a'',而在 V 面投影中可找出与它对应的斜线 a',可见平面 A 为四边形的正垂面。

形体的左上角是由一正垂面切割而成的。

如图 6-33c)所示,在 W 面投影中有梯形线框 b'',V 面投影中有类似的梯形线框 b',而在 H 面投影中可找出与它对应的斜线 b,可见平面 B 是铅垂面。形体的左前角是由一铅垂面切割而成的。

如图 6-33d)所示,在 H 面投影中有梯形线框 c,V 面投影中有类似的梯形线框 c',而 W 面投影中可找出与它对应的梯形线框 c'',可见平面 C 是一般位置平面。形体右后角是由一般位置的平面切割而成的。

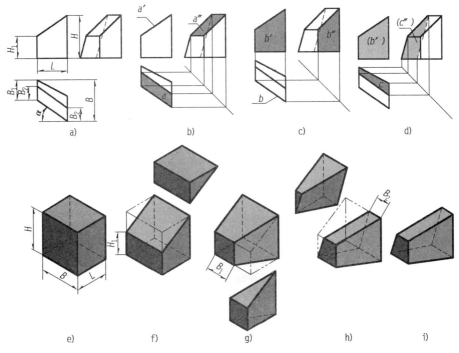

图 6-33 识读八字墙的投影图(之二)

(3)根据基本体形状、各截切面与基本形体的相对位置想象切割出组合体的形状。

原始基本体是长方体,首先可假想在长方体上用相应的正垂面切去左上角,如图 6-33e)所示,其次可假想在图 6-33f)的基础上用相应的铅垂面切去左前角,如图 6-33f)所示,最后可假想在图 6-33g)的基础上按照相应的尺寸切去右后角,如图 6-33h)所示,便得到组合体形状,如图 6-33i)所示。

(4)根据图 6-32 所示八字墙的三面投影图,用橡皮切割出八字墙的模型。

项目七　绘制与识读道路工程构件构造图

项目描述

图 7-1 所示为一 T 形梁桥,桥上的构件(如桥台、T 梁、栏杆、泄水管、锥坡等)结构都比较复杂,而且由各种不同的材料组成。如果只用三面投影图表达,图中会出现很多虚线,且画图也很困难。如图 7-2 所示桥梁上的泄水管,从外部是看不到内部结构的。若假想地将泄水管剖切开,并在断面上画上规定的材料图例来表达其内部结构与材料,这样就把内部结构表达清楚了。这就需要通过剖面图和断面图来解决。又如桥台、栏杆、锥坡、T 梁等桥梁构件都需要通过剖面图和断面图及其他的一些规定画法来表达。

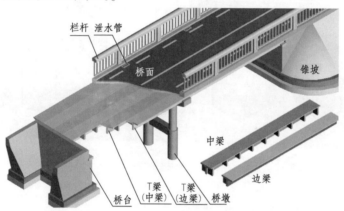

图 7-1　桥梁上的构件

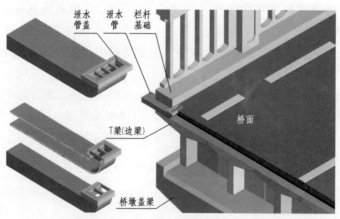

图 7-2　桥梁上的泄水管

本项目以桥、构件为例,以绘制识读桥、涵构件构造图为任务,掌握剖面图和断面图的绘图原理及道路工程图中的规定画法和习惯画法。

任务一 绘制道路工程构件的剖面图

任务描述

1.根据立体图绘制泄水管剖面图。
(1)分析剖面图形成原理。
(2)掌握剖面图标注方法。
(3)了解材料图例。
(4)根据立体图,完成泄水管剖面图。
2.根据立体图绘制泄水管盖的半剖面图。
(1)分析半剖面图形成原理。
(2)了解半剖面图的适用范围。
(3)了解画半剖面图的注意事项。
(4)根据立体图,完成泄水管盖半剖面图。
3.根据立体图绘制涵洞盖板的局部剖面图。
(1)理解局部剖面图的适用范围。
(2)局部剖面图的剖切范围用什么线表示?
4.结合立体图识读检查井的剖面图。
(1)分析旋转剖面图形成原理。
(2)理解画旋转剖面图的注意事项。
(3)分析阶梯剖面图形成原理。
(4)理解画阶梯剖面图的注意事项。
(5)根据检查井的立体图及其尺寸绘制其投影图,立面图画成旋转剖面图,平面图画成阶梯剖面图。
5.结合立体图识读弯桥展开剖面图。
(1)分析展开剖面图形成原理。
(2)分析展开剖面图适用范围。

一、绘制泄水管剖面图

1.剖面图形成

假想的用剖切平面将形体切开后,将观察者与剖切平面之间的部分移去,而将剩余部分向投影面投影所得出的投影图称为剖面图。如图 7-3a)所示,假想地用平行于 V 面的剖切平面 P 将形体沿对称平面切开后,将前面部分移去,而将剩余部分向 V 面投影,并在被剖到的实体部分画上相应的材料剖面图例,便得到图 7-3c)所示的 $A—A$ 剖面图。

剖面图中一般不画虚线,如图 7-3 中 $A—A$ 剖面。

假想用剖切面将形体全部剖开所得到的剖面图,叫做全剖面图,如图7-3所示的泄水管的剖面图。全剖面图适用于外形结构比较简单而内部结构比较复杂的形体。

由于泄水管较长,所以采用了折断的画法。这是道路工程图中的规定画法。

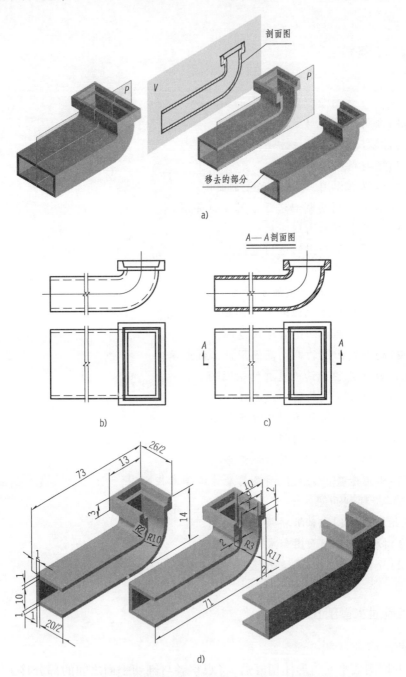

图7-3 剖面图的形成(尺寸单位:cm)
a)剖面图的形成;b)形体的投影图;c)形体的剖面图;d)标注尺寸的立体图

2.剖面图标注

(1)剖切位置。一般用剖切符号(粗短线)表示剖切平面的位置,剖切符号不要与轮廓线相交,如图 7-3c)所示。

(2)投影方向。在剖切符号两端,用单边箭头(与剖切符号垂直)表示投影方向,如图 7-3c)所示。

(3)剖面图名称。道路工程制图标准规定,在剖切符号和单边箭头一侧用一对大写英文字母或阿拉伯数字来表示剖面图名称;并在所得相应剖面图的上方居中写上对应的剖面图名称。其字母或数字中间用长 5~10mm 的细短线间隔,例如图 7-2c)中,"A—A 剖面图"。为了美观,在剖面图名称的字样底部画上上粗下细两条等长平行的短线,两线间距为 1~2mm。

(4)材料图例。剖面图中包含了形体的断面,在断面上必须画上表示材料类型的图例,如图 7-3c)所示剖面图上的材料图例,表示该形体的材料是金属。如果没有指明材料时,可在断面处画上互相平行且等间距的 45°细实线为替代材料图例,称为剖面线,如图 7-4b)所示。当一个形体有多个断面时,所有剖面线的方向一致,间距均应相等。

《道路工程制图标准》(GB 50162—92)中规定的常用材料剖面图例见表 7-1。

道路工程制图常用材料图例　　　　　　　　　　　　　　　　表 7-1

名　称	图　例	名　称	图　例	名　称	图　例
天然土		细、中粒式沥青混凝土	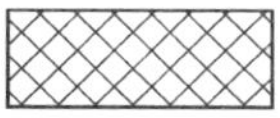	泥结碎砾石	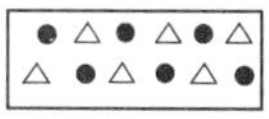
夯实土	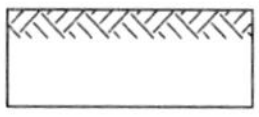	粗粒式沥青混凝土	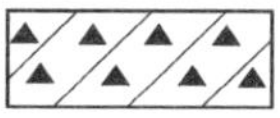	泥灰结碎砾石	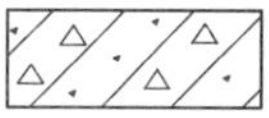
浆砌块石		水泥稳定土	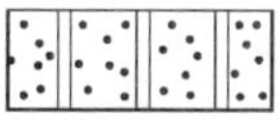	填缝碎石	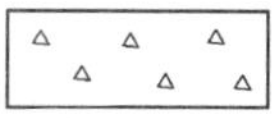
浆砌片石		水泥稳定砂砾	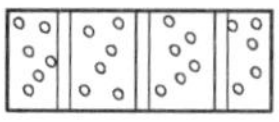	天然砂砾石	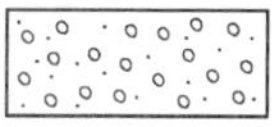
干砌片石	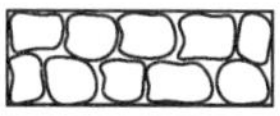	水泥稳定碎砾石	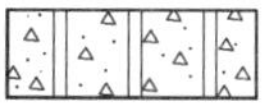	横断面木材	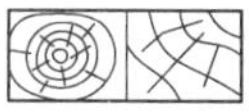
水泥混凝土	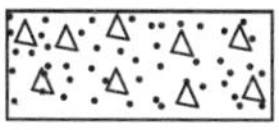	石灰土	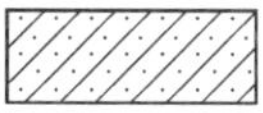	纵断面木材	
钢筋混凝土	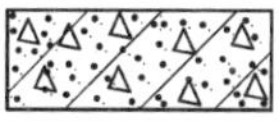	石类粉煤灰	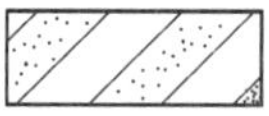	金属	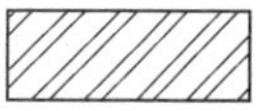
沥青碎石	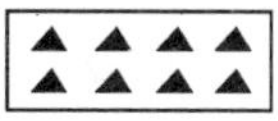	石类粉煤灰土	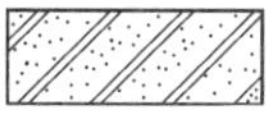	橡胶	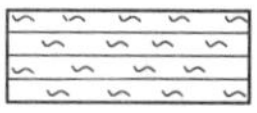
沥青灌入碎砾石	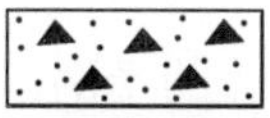	石灰粉煤灰砂砾	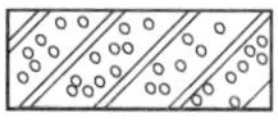	级配碎砾石	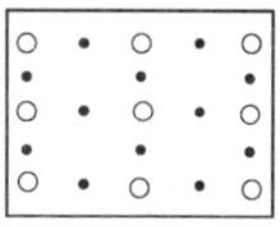
沥青表面处治		石灰粉煤灰碎砾石			

3.绘制泄水管的全剖面图(要求同学自己完成)

根据图 7-3d)给定的尺寸,选择合适的比例,绘制泄水管的全剖面图。

二、绘制泄水管盖的半剖面图

1.半剖面图的形成

当形体具有对称平面,以对称中心线为界,可将其投影的一半画成外形正投影图,另一半画成剖面图,这种图形称为半剖面图。

如图7-4所示泄水管盖左右对称,且内、外形状都需要表达。可假想地以对称中心线为界将形体一半剖开,向投影面投影。

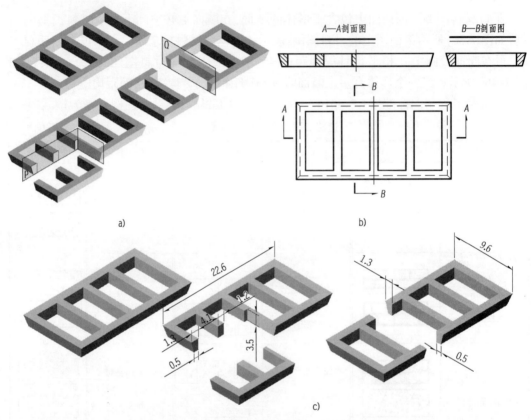

图7-4 泄水管盖的半剖面图(尺寸单位:cm)
a)立体图;b)剖面图;c)标注尺寸的立体图

半剖面图适用于内、外形状都比较复杂且都需要表达的对称形体。

半投影图与半剖面图的分界线为点划线,若作为分界线的点划线刚好与轮廓线重合,则不能采用半剖面图,可采用局部剖面图。

2.绘制泄水管盖的半剖面图(同学自己完成)

根据图7-4c)给定的尺寸,选择合适的比例,绘制泄水管盖的半剖面图。

三、绘制涵洞盖板的局部剖面图

假想地用剖切平面局部地剖开形体所得到的剖面图,称为局部剖面图。

如图7-5所示涵洞盖板上锚栓孔的内部构造。若采用全剖面图,盖板前面绞缝处的结构就表达不出来了,所以采用局部剖面图表示,既保留了绞缝处结构的投影,同时也表达出内部锚栓孔的结构。

局部剖面图用波浪线来表示剖切的范围。局部剖是一种灵活的表达方式,其位置、剖切范围的大小都可根据需要来定,当物体上有孔眼、凹槽等局部形状需要表达时都可以采用局部剖面图。如图 7-5 所示涵洞盖板的正面投影采用了局部剖面图。如图 7-6 所示形体的正面投影与水平投影都采用了局部剖面图。

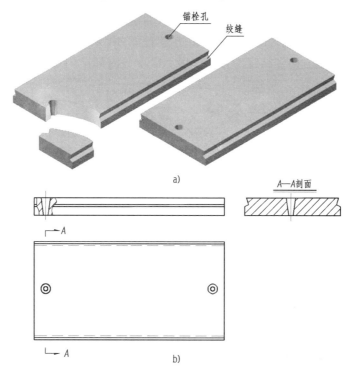

图 7-5　涵洞盖板的局部剖面图

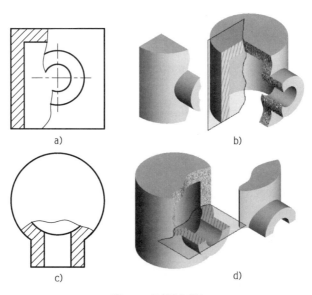

图 7-6　局部剖面图

画局部剖面图的注意事项：
(1)局部剖切比较灵活，但应照顾看图方便，不应过于零碎。
(2)用波浪线表示形体断裂痕迹，应画在实体部分，不能超过视图轮廓线或画在中空部位，不能与图上其他线条重合。
(3)局部剖面图只是形体整个外形投影中的一个部分，不需标注。

四、绘制检查井的构造图（旋转剖面图和阶梯剖面图）

图7-7为检查井立体示意图，是为了对道路下面的排水管道进行检查和疏通设置的，检查井起着连接不同方向和高度沟管的作用。检查井内部结构复杂，需要通过不同的剖面图来表达。

 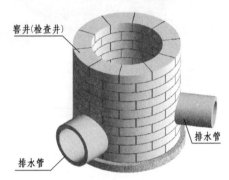

图7-7　检查井立体示意图

1.绘制旋转剖面图

1) 旋转剖面图的形成

检查井的两排水管位于不同的平面上，采用一个剖切平面不能将两个排水管内部结构全部表达清楚。可假想用一个正平面和一个铅垂面分别通过检查井的两个圆柱孔轴线将其剖开，再将被剖切的倾斜部分旋转到与选定的基本投影面平行，再向正面进行投影，得到A—A剖面图，如图7-8b)所示的检查井。

假想地用两相交的剖切平面(交线垂直于一基本投影面)剖切形体后，将倾斜于基本投影面的剖面旋转到与基本投影面平行的位置，再进行投影，使剖面图得到实形，这样的剖面图称为旋转剖面图。

旋转剖面图适合于表达内部结构(孔或槽)的中心线不在同一平面上，且具有回转轴的形体，如图7-8所示。

2) 绘旋转剖面图的注意事项

旋转剖面图在剖切的起止点和转折处均画出了剖切线，如图7-8a)水平面投影图所示。读旋转剖面图必须注意标注，分析两剖切平面交线及剖切后的旋转方向。

2.绘制阶梯剖面图

1) 阶梯剖面图的形成

检查井的两排水管位于不同高度的水平面上，采用一个剖切平面不能把形体内部结构全部表达清楚时，可以假想用两个互相平行的剖切平面来剖切检查井，再向水平面投影，得到B—B剖面图，如图7-8a)、c)所示。

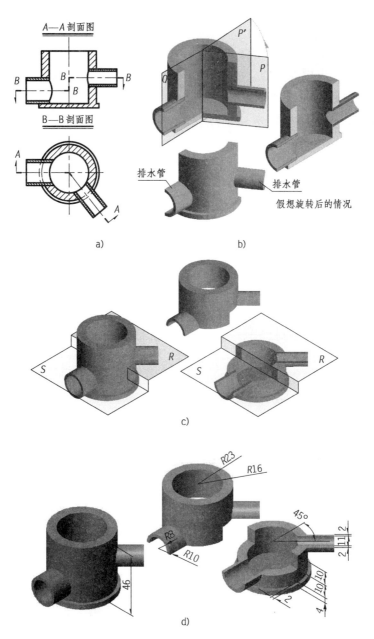

图 7-8 检查井旋转剖面图及阶梯剖面图(尺寸单位:cm)

当形体具有几个不同的结构要素,且它们的中心线排列在相互平行的平面上,可以采用几个互相平行的剖切平面来剖切形体,所得到的剖面图称为阶梯剖面图。

阶梯剖面图适合于表达内部结构(孔或槽)的中心线排列在几个相互平行的平面内的形体。

2)绘阶梯剖面图应注意

(1)在阶梯剖面图上,不画出两个剖切平面转折处交线的投影。

(2)阶梯剖面图在剖切的起止点和转折处均画出了剖切线,如图 7-8a)正面投影图所示。读阶梯剖面图必须注意标注,分析剖切平面及转折处的的位置。

(3)剖切平面转折位置不应与图形轮廓线重合,也要避免出现不完整的要素,如不应出现孔、槽的不完整投影。

3.绘制检查井的构造图(同学自己完成)

根据图 7-8d)给出检查井的立体图及其尺寸,选择合适的比例,绘制检查井的构造图。立面图画成旋转剖面图,平面图画成阶梯剖面图。

五、绘制弯桥的剖面图(展开剖面图)

剖切平面是用曲面或平面与曲面组合而成的铅垂面,沿构造物的中心线剖切,再将剖切平面展开(或拉直),使之与投影面平行,并进行投影,这样所画出的剖面图称为展开剖面图。

展开剖面图适用于道路路线纵断面及带有弯曲结构的工程形体。如图 7-9 所示为一弯道桥,由平面图可知弯桥的中心线为直线与圆弧合成的,立面图是由平面和圆柱面沿桥面中心线将弯桥剖开,再将剖切平面展开(或拉直)得到的展开剖面图。

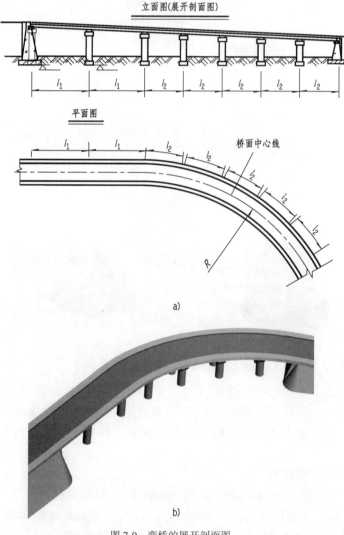

图 7-9　弯桥的展开剖面图

任务二 绘制道路工程构件的断面图

任务描述

根据 T 梁的投影绘制其不同位置的断面图。
（1）分析断面图形成原理。
（2）理解断面图的标注方法。
（3）了解断面图的种类。

一、断面图的形成

假想用剖切平面将形体某处切断,仅画出截断面的形状,这种图形称为断面图,如图 7-10b)所示梁的 A—A 断面图。比较图 7-10a)中的 A—A 剖面图和图 7-10b)中的 A—A 断面图,可以看出断面图与剖面图的区别。

断面图上一般要画材料图例或剖面线。

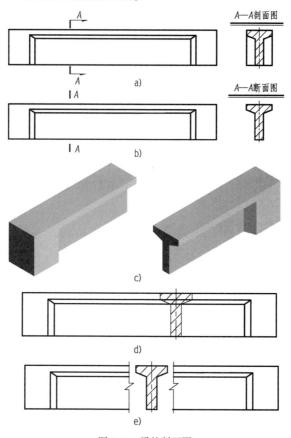

图 7-10 梁的断面图
a)剖面图；b)断面图；c)立体图；d)重合断面图；e)中断断面图

二、断面图的标注

断面图的标注与剖面图的标注有所不同。断面图的剖切符号只画出剖切位置线,但不画表示投影方向的单边箭头。只是用编号的注写位置来表明投影方向。编号写在剖切线下方,表示向下投影,编号写在剖切线左边,表示向左投影。图 7-10 中 A—A 断面是向右投影画出的。

三、断面图的分类

断面图根据布置的位置不同,分为移出断面、重合断面和中断断面图。

1. 移出断面图

画在投影图外面的断面图,称为移出断面图。

移出断面图的轮廓线用标准实线绘制,可以用大于基本视图的比例画出移出断面图,如图 7-10b)所示。

2. 重合断面图

直接将断面图按形成左侧投影或水平投影的旋转方向重合画在基本投影图轮廓内,称为重合断面图,如图 7-10d)所示。

重合断面图的比例应与基本视图一致,其断面轮廓线规定用细实线,并不加任何标注。

3. 中断断面图

把长杆件的投影图断开,把断面图画在中间,这样的断面图称为中断断面图,如图 7-10e)所示。

中断断面图适合于表达较长而只有单一断面的杆件及型钢。中断断面图不需标注,断面轮廓线为粗实线,而且比例与基本视图一致。

任务三　识读桥梁构件构造图

任务描述

> 本任务通过识读桥梁上各种构件的构造图,掌握识读道路工程构件构造图的方法,掌握道路工程中的规定画法和习惯画法。
> 1. 识读桥面排水构造图,并回答问题。
> (1) 桥面排水构造图由哪几部分组成?
> (2) 泄水管安装图由哪些图来表达?
> (3) 由泄水管安装图的立面图(Ⅳ—Ⅳ剖面图)可看出桥面铺装分几层?每一层的材料是什么,厚度是多少?哪个部位省略了材料图例?哪个部位采用了涂黑的画法?

(4)泄水管构造图中的立面图和平面图为何都采用折断的画法?
(5)掌握道路工程中的规定画法之一、二、三。
2.结合立体图识读重力式桥台的剖面图。
(1)立面图采用什么样的剖面图?
(2)重力式桥台由哪几部分组成,材料分别是什么?
(3)立面图采用了什么样的规定画法?
(4)侧面图采用了什么样的规定画法?
(5)掌握道路工程图中的规定画法之四、五,并在图中加以说明。
3.识读T梁断面图。
(1)Ⅰ—Ⅰ断面图采用了什么样的规定画法?
(2)Ⅱ—Ⅱ断面图、Ⅲ—Ⅲ断面图,用了什么样的规定画法?
(3)为什么在断面图中预制主梁与现浇桥面板之间用粗实线隔开?
(4)掌握道路工程图中的规定画法之六及习惯画法。
4.识读桥台锥形护坡的构造图,回答问题。
(1)指出图中什么部位采用了重合断面?
(2)锥形护坡的材料是什么?厚度是多少?
(3)护坡基础的断面形状是什么?材料是什么?
(4)护坡基础的水平形状为1/4椭圆,该椭圆长轴半径是(   )cm,短轴半径是(   )cm。
(5)锥顶高程为(   )m。
5.识读桥梁栏杆的投影图,回答问题。
(1)立面图为何采用折断画法?Ⅰ—Ⅰ、Ⅱ—Ⅱ断面图采用了什么样的习惯画法?
(2)图中尺寸9×19.4=174.6代表什么含义?
(3)指出立面图中栏杆柱部分的八边形代表通孔、凸面还是凹面?
(4)栏杆柱中心间距为(   )cm,栏杆基础高度为(   )cm。
(5)栏杆花板长度为(   )cm,厚度为(   )cm,高度为(   )cm。
6.识读桥梁上护栏支架的构造图,该图的立面图、侧面图分别采用了什么样的剖面图?

一、识读桥面排水构造图

图7-11所示的桥面排水构造图由泄水管安装图、泄水管构造图、泄水管盖构造图组成。

泄水管安装图,由水平投影和Ⅳ—Ⅳ剖面图表达。由于桥面铺装、空心板、栏杆基础等相对于泄水管是比较大的,且只需要表达泄水管与桥面铺装、空心板、栏杆基础等相对位置,所以水平投影和Ⅳ—Ⅳ剖面图都采用了折断画法。在道路工程图中经常采用折断的画法。

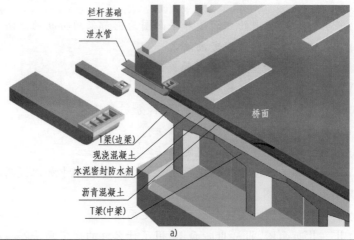

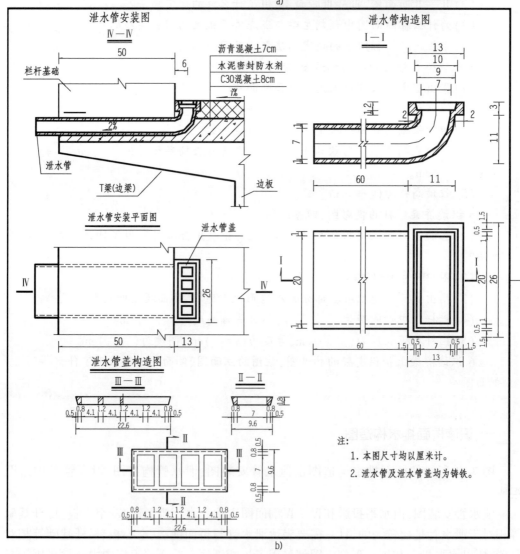

图 7-11 桥面排水构造图
a) 立体图；b) 投影图

道路工程图中的规定画法之一：当图形较大时,可用折断线或波浪线勾出图形表示的范围。

由于泄水管长度较长,为节约图纸空间,泄水管构造图中的立面图和平面图都采用折断的画法,这是道路工程图中的规定画法。

道路工程图中的规定画法之二：当图形较长且沿长度方向截面不发生变化时,可用波浪线或折断线简化表示,越过省略部分的尺寸线不能中断,并应标注实际尺寸。

Ⅳ—Ⅳ断面图的剖切平面通过泄水管中心线,剖切到桥面铺装、T梁、栏杆基础,图中泄水管、桥面铺装的现浇混凝土层和沥青混凝土层的剖面图例都符合国标规定;而T梁、栏杆基础的断面省略了剖面图例;水泥密封防水层因厚度很小,所以将其断面涂黑。这是道路工程图中的规定画法。

道路工程图中的规定画法之三：两个或两个以上的相邻断面可画成不同倾斜方向或不同间隔的阴影线。在不影响图形清晰的前提下,断面也可不画阴影线(材料图例)。对于图样上实际宽度小于 **2mm** 的狭小面积的剖面,允许将全部面积涂黑。

由Ⅳ-Ⅳ断面图可看出桥面铺装各层的厚度、材料及各部分间的位置关系。

二、识读桥台的构造图

图 7-12 为重力式桥台构造图,立面图采用全剖面图。台身、基础、台帽(盖梁)的材料分别是 M7.5 浆砌片石、C15 片石混凝土、C25 钢筋混凝土,剖面图中画出了材料图例。由于材料不同,在台身与基础,台身与台帽断面之间都画出分界线。这是道路工程图中的规定画法。下部基础的断面只在局部画出材料图例,这也是道路工程图中的规定画法。

道路工程图中的规定画法之四：在工程图中为了表示构造物不同的材料,如不同强度等级的混凝土或砂浆等,在同一断面上应画出材料分界线,并注明材料符号或文字说明。

道路工程图中的规定画法之五：较大面积的断面符号可以简化,可只在其断面轮廓的边沿画出断面符号。

侧面图由台前和台后两个方向的视图各取一半拼成,这是常见的表达方法。

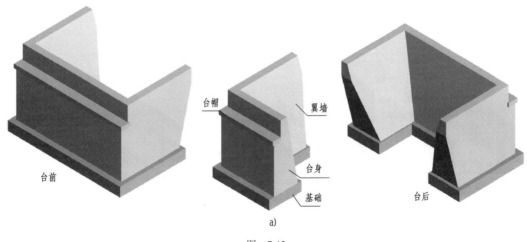

a)

图 7-12

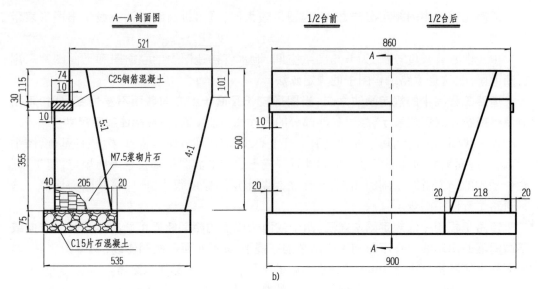

图 7-12 重力式桥台构造图(尺寸单位:cm)

三、识读 T 梁构造图

图 7-13 所示为桥梁上预制 T 梁的构造图。

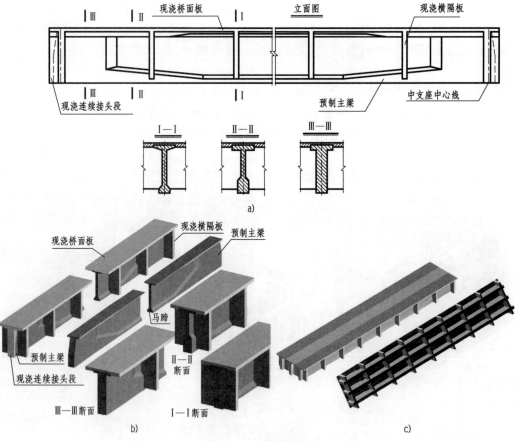

图 7-13 T 梁的构造图

本图由立面图和3个移出剖面图来表达T梁,各断面图整齐排列在投影图之外,使梁截面变化情况表达清楚。

由立面图的标注可以看出,该梁由预制主梁和现浇横隔板、现浇桥面板组成。该梁是将预制T形主梁安装后,再浇筑桥面板和横隔板。由立面图可以看出现浇横隔板的厚度及横隔板之间的间距,而且可以看出主梁中部与两端截面是不相同的(主梁端部虚线以外的部分是现浇连续接头。桥两侧主梁安装后,现浇连续接头段将桥墩两侧主梁连接在一起)。

因为整个桥面板是连在一起的,横隔板和相邻梁的横隔板也是连在一起的,所以每一个断面图都采用了折断的画法。

由跨中的Ⅰ—Ⅰ断面图可以看出,T梁的跨中的腹板部较薄,马蹄部分较小。Ⅰ—Ⅰ断面剖切到横隔板,剖切平面通过横隔板(薄板)的纵向对称平面,此时横隔板不画剖面线,当不剖处理。这是道路工程图中的规定画法。

道路工程图中的规定画法之六:薄板、圆柱等构件,如梁的横隔板、桩、柱、轴等,凡剖切平面通过其对称中心面或轴线时,均不画剖面线。

Ⅱ—Ⅱ断面、Ⅲ—Ⅲ断面虽然画的是断面图,但为了清楚地表达横隔板与主梁的相互关系,在断面图上画出了距截面较近的横隔板的投影。这是道路工程图中的习惯画法。

道路工程图中的习惯画法:在道路工程图中可根据需要取舍截断面以后可见部分,一般情况下画近不画远。

由靠近梁端的Ⅱ—Ⅱ断面图可以看出,此处腹板部仍然较薄,但马蹄部分逐渐变高。

由梁端的Ⅲ—Ⅲ断面图可知此处腹板厚度与马蹄厚度相同。

四、识读桥台锥形护坡构造图

图7-14所示为桥台锥坡的构造图,由立面图、平面图组成。立面图采用重合断面图的表达方法,上部锥坡部分的厚度较薄,断面采用了简化的画法,用引出线标明材料及厚度,下部基础的断面只在局部画出材料图例。这是道路工程图中的规定画法。

在锥坡的投影图上锥顶用长短交替的细实线表示,这是道路工程中的规定画法。

道路工程图中的规定画法之七:边坡和锥坡用长短交替的细实线表示,长短线引出端为边坡和锥坡的高端。坡度用比例标注。

五、识读桥梁栏杆的构造图

图7-15为桥梁栏杆构造图。

注意:在Ⅰ—Ⅰ、Ⅱ—Ⅱ断面图上都画出了距剖切平面较近的没被剖切到的轮廓线。

六、识读桥梁护栏支架的构造图

图7-16a)所示为桥梁护栏支架的构造图[图7-16b)为其立体示意图],由立面图、剖面图、侧面图组成,立面图在螺栓孔处采用了局部剖面图。其侧面投影为沿曲面剖切后的展开剖面图,水平投影为全剖面图。护栏支架为铸铁构件,故剖面图例采用了金属的图例。护栏在桥梁上的安装情况如图7-17a)、b)所示。

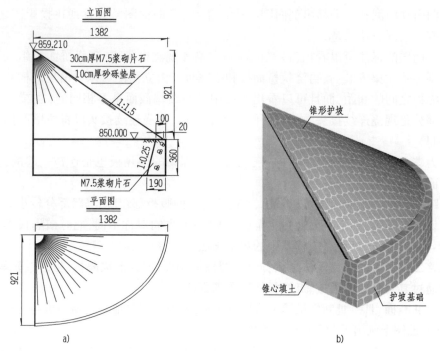

图 7-14 锥形护坡的构造图(尺寸单位:cm)

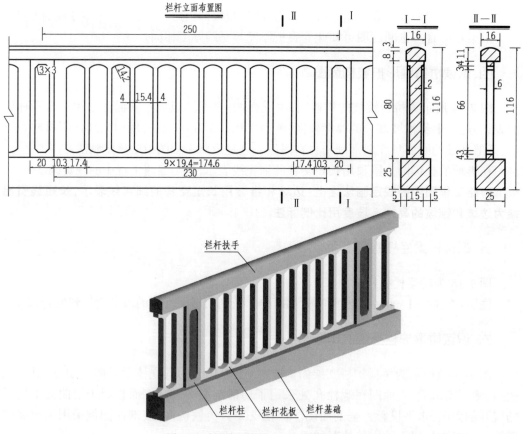

图 7-15 桥梁栏杆构造图(尺寸单位:cm)

项目七 绘制与识读道路工程构件构造图

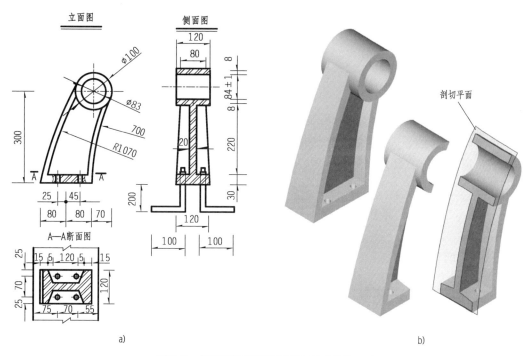

图 7-16 桥梁护栏支架的构造图(尺寸单位:cm)

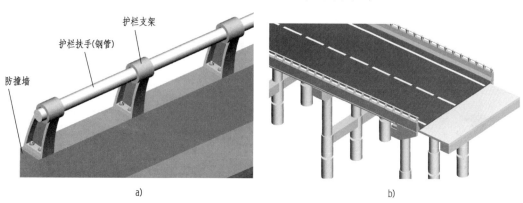

图 7-17 桥梁防撞护栏的立体示意图

项目八　识读道路路线工程图

道路工程包括路基、路面、桥梁、涵洞、隧道、防护工程和排水设施等。道路分为公路和城市道路两种。位于城市郊区和城市以外的道路称为公路,位于城市范围以内的道路称为城市道路。本项目分为两个子项目,分别讨论公路路线工程图及城市道路工程图的识图方法。

子项目一　识读公路路线工程图

项目描述

　　本项目以山西省朔州市环城西路 K6+400 至 K7+100 段的道路路线工程为例,以识读该段公路路线平面图、路线纵断面图、路基横断面图为任务。掌握识读公路路线工程图的方法,形成识读道路路线工程图的能力。

任务一　识读公路路线平面图

任务描述

　　识读图 8-1 所示山西省朔州市环城西路 K6+400 至 K7+100 段的路线平面图,并回答提出的问题。
　　(1)道路路线是指(　　　　　　)。
　　(2)道路路线平面图上表示方位的坐标网 X 坐标值增加的方向指向(　　)方向,Y 坐标值增加的方向指向(　　)方向。
　　(3)图 8-1 所示的路线平面图中新建道路的走向为(　　)。
　　(4)路线平面图在城镇区一般采用(　　)或(　　)的比例,山岭重丘区一般采用(　　)的比例,微丘和平原区一般采用(　　)的比例。
　　(5)图 8-1 所示的路线平面图中相邻等高线的高差为(　　)m。
　　(6)等高线越密说明地势越(　　)。等高线交汇处的地形是什么样的?
　　(7)请描述山丘、盆地、山脊、山谷、鞍部等典型地貌在地形图上的特征。
　　(8)该地区北部有哪些植被?南部有哪些植被?
　　(9)图中与设计路线相交的现有公路的大致走向如何?
　　(10)路线平面图中设计路线的道路中心线用(　　)线表示。

(11)平面图中路线的前进方向是从(　　)向(　　)的,该路段的起点桩号是(　　),终点桩号是(　　)。

(12)公里桩号宜标注在路线前进方向的(　　)侧,在K6公里桩的前方注写的"8"表示桩号为(　　),说明该点距路线起点为(　　)m。

(13)该图中新设计的这段公路在交角点JD5处向(　　)转折,转折角为(　　),圆曲线半径R为(　　)m,指出ZH、HY、QZ、YH、HZ位置的桩号(　　)、(　　)、(　　)、(　　)、(　　),缓和曲线长度为(　　)m,切线长度为(　　)m,曲线长度为(　　)m。

(14)曹沙会小桥位于设计路线的(　　)桩号处,该桥有(　　)跨,跨径为(　　)m。

(15)符号"$\triangle \frac{V15}{1141.848}$"的含义是什么?

一、道路路线工程图的内容及特点

道路路线是指道路沿长度方向的行车道中心线。道路的位置和形状受道路所在地区的地形、地貌、地物及地质等自然条件的综合影响,因此道路路线有竖向高度变化(上坡、下坡、竖曲线)和平面弯曲(左向、右向、平曲线)变化,所以从总体来看是一条空间曲线。

道路工程具有组成复杂、长宽高三向尺寸相差悬殊、形状受地形影响大的特点,所以道路路线工程图的图示方法与一般工程图样不完全相同。它是以绘有道路中心线的地形图为平面图、以剖切面(铅垂面)通过公路中心线纵向剖切形成的纵向展开断面图为立面图、以垂直于道路中心线剖切而形成的横断面为侧面图,并且各自画在单独的图纸上。

道路路线工程图包括路线平面图、路线纵断面图和路基横断面图。

二、道路路线平面图及其作用

路线平面图是上面绘有道路中心线的地形图。其作用是表达路线的方向、平面线型、沿线两侧一定范围内的地形、地物情况及结构物的平面位置。

三、识读道路路线平面图

路线平面图主要内容包括地形和路线两部分。

图8-1所示为山西省朔州市环城西路K6+400至K7+100段的路线平面图。

1.地形部分

(1)方位。为了表示路线所在地区的方位和路线的走向,在路线平面图上应画出指北针或坐标网。指北针在图上是用"⌀"符号来表示,箭头所指为正北方向。方位的坐标网在图上是用"$\frac{X}{Y}$"符号来表示的,其X轴向为南北方向(坐标值增加的方向为北),Y轴向为东西方向(坐标值增加的方向为东)。坐标值的标注应靠近被标注点,书写方向应平行网格或在网格延长线上,数值前应标注坐标轴线代号。图8-1所示的路线平面图采用坐标网表示法,可以看出新建道路的走向大致是由南向北的。

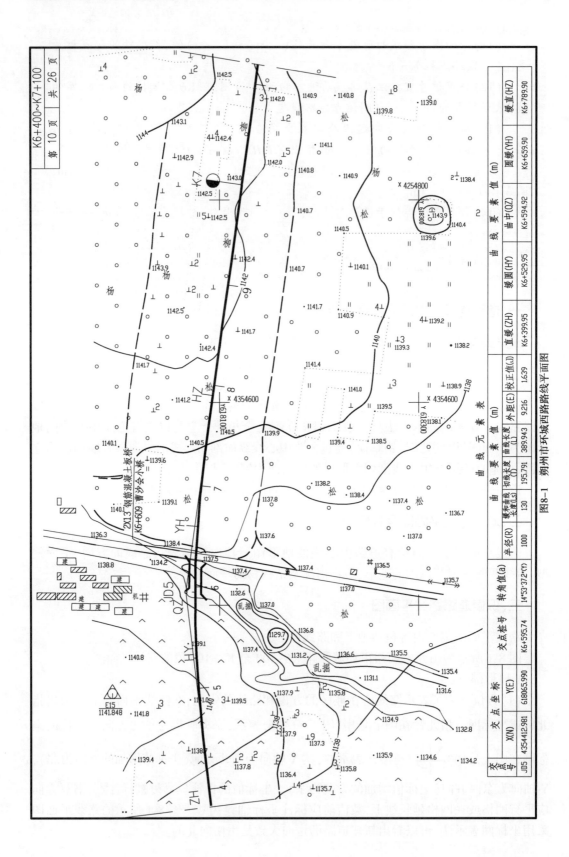

图8-1 朔州市环城西路路线平面图

(2)比例。路线平面图的地形图,是经过勘测而绘制的,可根据地形的起伏情况采用相应的比例。城镇区一般采用1∶500或1∶1000,山岭重丘区一般采用1∶2000,微丘和平原区一般采用1∶5000。

(3)地形。路线平面图中地形起伏情况用地形图来表示。

用一系列高差相等的水平面来截切不规则的地形面,所得的截交线是一系列不同高程(标高)的等高线,如图8-2a)所示;画出这些等高线的水平投影即为地形面的高程投影图,也称为地形图,如图8-2b)所示。需注意的是,在标注各等高线的高程数值时,字头要朝向地面的上坡方向。用这种方法表示地形面,能够清楚地反映地形的起伏变化及坡向等。

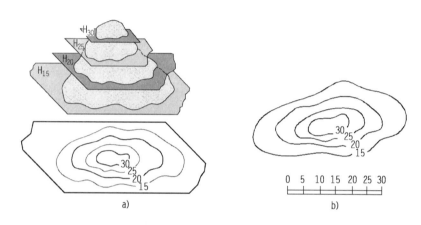

图8-2 地形面的高程投影
a)立体图;b)投影图

地形面上的等高线的特性有:
① 等高线是不规则的曲线。
② 等高线一般是封闭曲线(在有限的图形范围内可不封闭)。
③ 除悬崖、峭壁外,等高线不相交。
④ 等高线的疏密反映地形的陡缓,即等高线越密地势越陡,反之等高线越疏地势越平坦。

在地形图中,一般每隔4条等高线有一条加粗等高线,加粗的等高线称为计曲线,不加粗的等高线称为首曲线。

典型地貌在地形图上的特征:

(1)山丘。如图8-3a)所示,等高线闭合圈由小到大高程依次递减,等高线亦随之渐稀,则对应地形是山丘。

(2)盆地。如图8-3b)所示,等高线闭合圈由小到大高程依次递增,等高线亦随之渐稀,则对应地形是盆地。

(3)山脊。如图8-3c)所示,等高线凸出方向指向低高程,则对应地形是山脊。

(4)山谷。如图8-3d)所示,等高线凸出方向指向高处,则对应地形是山谷。

(5)鞍部。如图8-3e)所示,相邻两峰之间,形状像马鞍的区域称为鞍部,在鞍部两侧的等高线形状接近对称。

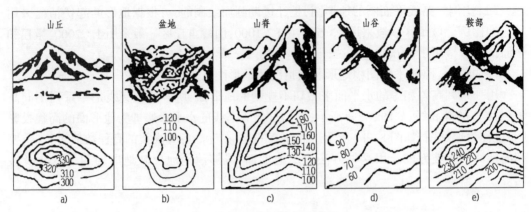

图 8-3 典型地貌在地形图上的特征
a)山丘;b)盆地;c)山脊;d)山谷;e)鞍部

如图 8-1 所示,图上的小黑点表示测点,其高程数值注在点的右侧。通过等高线两侧测点的高程可以判断两相邻等高线的高差,该图中相邻两根等高线之间的高差为 2m。根据图中等高线的疏密可以看出该地区地势较平缓,西北及西南部地势较高,东部地势较低。

(6)地物。在路线平面图中地形面上的地物如河流、房屋、道路、桥梁、电力线、植被等,都是按《地形图图式》的国家标准绘制的。常用的地物图例见表 8-1。对照图例可知,图 8-1 中该地区中南部有一条公路与新建公路相交,在该公路的东南侧有一条冲沟、西南侧有一片房屋;南部有一片人工草地;北部有杨树林、松树林及天然草地。图中还示出了机井、电力线、小路等的位置。

注意:路线平面图中的植被、控制点等地物图例应朝上或向北绘制。

道路工程常用地物图例 表 8-1

名称	图例	名称	图例	名称	图例
学校	⊗	机场	▲	港口	⚓
井	┼┼	变电室	⚡	烟囱	🏭
堤	┴┴┴┴	冲沟		池塘 坑穴	
陡崖 a.土质的 b.石质的	a 300 100	河流		高速公路	─a─0─
				等级公路	2(G305)
		水渠		等外公路	9
铁路	▬▭▬▭▬	大车道	───	小路	─ ─ ─

续上表

名称	图例	名称	图例	名称	图例
沙滩 沙砾滩	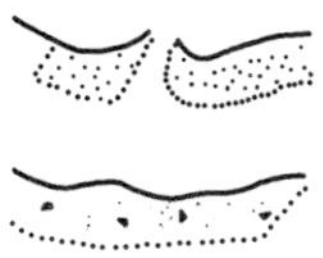	输电线 配电线	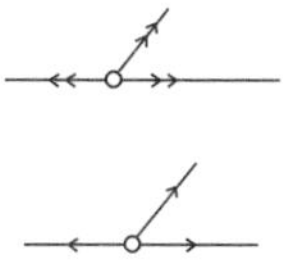	电讯线	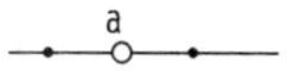
房屋	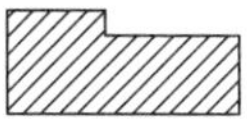	建筑中房屋		窑 a.堆式窑 b.台式窑 瓦、陶—产品名	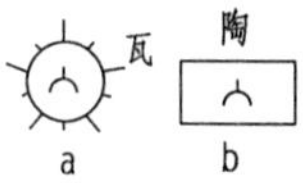
斜坡 陡坎	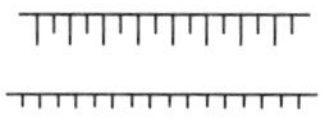	梯田坎	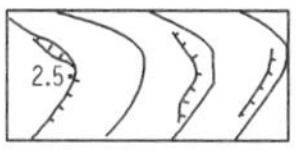	地类界线	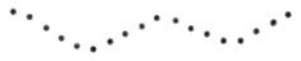
果园	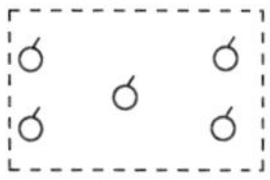	旱地		竹林	
林地		稻田		菜地	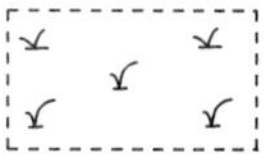
天然草地	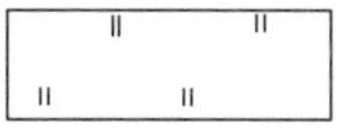	人工草地	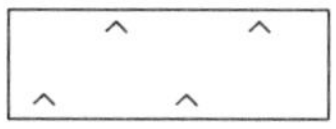	散坟地 独立坟	
GPS控制点 B—等级 14—点号 495.263—高程	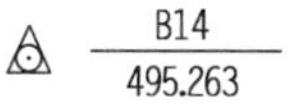 B14 / 495.263	导线点 I16—等级 84.46—高程	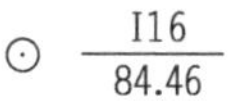 I16 / 84.46	三角点 张湾岭—点名 156.718—高程	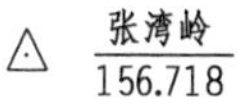 张湾岭 / 156.718
图根点 12—点号 275.46—高程	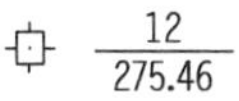 12 / 275.46	水准点 Ⅱ—等级 京石5—点名点号 32.805—高程	 Ⅱ京石5 / 32.805	指北针	

2.路线部分

(1)设计路线。由于路线平面图所采用的绘图比例较小,且公路的宽度相对于长度来说尺寸小得多,故无法按实际尺寸画出公路的宽度,因此在路线平面图中,设计路线是用加粗实线表示道路中心线的。

(2)里程桩。道路路线的总长度和各段之间的长度用里程桩号表示。里程桩号应从路线的起点至终点由小到大依次顺序编号,并规定在平面图中路线的前进方向是从左向右的。里程桩分公里桩和百米桩两种。

公里桩宜标注在路线前进方向的左侧,用符号"⬤"表示桩位,用"K×××"表示其公里数,且注写在符号的上方;百米桩宜标注在路线前进方向的右侧,用垂直于路线的细短线表示桩位,用阿拉伯数字表示百米数,注写在短线的端部。如图 8-1 所示,该图中"K6"表示距离路线起点 6km;在 K6 公里桩的前方注写的"5"表示桩号为 K6+500,说明该点距路线起点为 6500m。

(3)平曲线。道路路线在平面上是由直线段和曲线段组成的,在路线的转折处应设平曲线。最常见的较简单的平曲线为圆曲线,其基本几何要素及画法如图 8-4 所示;*JD* 为交角点,是路线的两直线段的理论交点;α 为转折角,是路线前进时向左($α_Z$)或向右($α_Y$)偏转的角度;*R* 为圆曲线半径;*T* 为切线长,是切点与交角点之间的长度;*E* 为外距,是曲线中点到交角点的距离;*L* 为曲线长,是圆曲线两切点之间的弧长;图中的 GQ 点为两平曲线的切点。

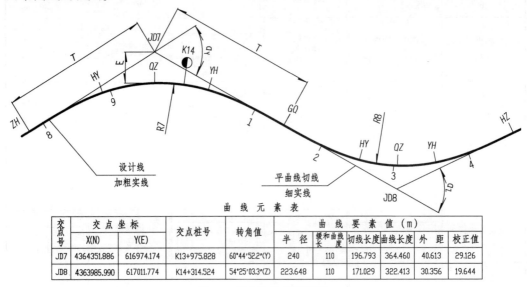

交点号	交点坐标		交点桩号	转角值	曲线要素值(m)					
	X(N)	Y(E)			半径	缓和曲线长度	切线长度	曲线长度	外距	校正值
JD7	4364351.886	616974.174	K13+975.828	60°44′52.2″(Y)	240	110	196.793	364.460	40.613	29.126
JD8	4363985.990	617011.774	K14+314.524	54°25′03.3″(Z)	223.648	110	171.029	322.413	30.356	19.644

图 8-4 平曲线要素及其画法

在路线平面图中,转折处应注写交角点代号并依次编号,如 JD2 表示第二个交角点,还要注出曲线段的起点 ZY(直圆)、中点 QZ(曲中)、终点 YZ(圆直)的位置。为了将路线上各段平曲线的几何要素值表示清楚,一般还应在图中的适当位置列出平曲线要素表,如图 8-1、图 8-4 所示。如果设置缓和曲线,则将缓和曲线与前、后段直线的切点,分别标记为 *ZH*(直缓点)和 *HZ*(缓直点);将圆曲线与前、后段缓和曲线的切点,分别标记为 *HY*(缓圆点)和 *YH*(圆缓点)。

如图 8-1 所示,该图中新设计的这段公路是从 K6+400 处开始,在交角点 JD5 处向右转折,$α_y$ = 14°53′37.2″,圆曲线半径 *R* = 1000m,图中注出了 *ZH*、*HY*、*QZ*、*YH*、*HZ* 的位置并列出了平曲线要素表。

(4)结构物和控制点。在路线平面图上还须标示出道路沿线的结构物和控制点,如桥梁、涵洞、通道、立交、三角点、水准点和导线点等。道路工程常用的结构物图例,见表 8-2。结合此表可从图 8-1 中了解到道路沿线结构物的位置、类型和分布情况及控制点的坐标和高程。如" "表示在里程为 K6+609 处有一座 2×13 钢筋混凝土板桥(曹沙会小桥),该桥共两跨,跨径为 13m;"△ $\frac{E15}{1141.848}$ "表示第 15 个 GPS 控制点,其等级为 E 级,控制点高程为 1141.848m。

道路工程常用结构物图例(平面图)　　　　表8-2

序号	名　称	图　例	序号	名　称	图　例
1	涵洞	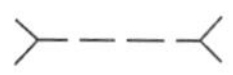	6	通道	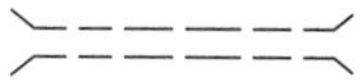
2	桥梁(大、中桥按实际长度绘制)	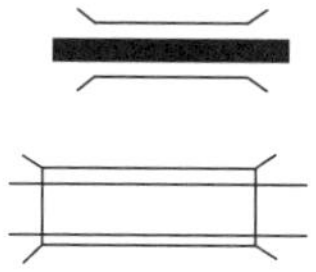	7	分离式立交 a)主线上跨 b)主线下穿	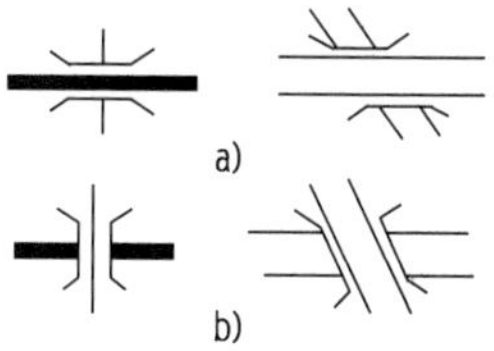 a) b)
3	隧道		8	互通式立交 (采用形式绘)	
4	养护机构		9	管理机构	
5	隔离墩		10	防护栏	

任务二　识读公路路线纵断面图

任务描述

识读图8-5所示山西省朔州市环城西路K6+400至K7+100段的公路路线纵断面图,回答提出的问题。

(1)路线纵断面图的剖切平面通过公路的(　　)线。

(2)路线纵断面图包括(　　)和(　　)两部分,一般图样画在图纸的(　　),资料表布置在图纸的(　　)。

(3)该图横向比例为(　　),而竖向比例为(　　)。

(4)在纵断面图中,公路纵向设计线用(　　)线来表达,纵向设计线是由直线段和竖曲线组成的。图中不规则的细折线为设计中心线处的(　　)线,它是根据原地面上沿线各点的(　　)而绘制的。

(5)设计线上各点的高程通常是指二级以下公路(　　)的设计高程,或一级公路及高速公路(　　)的设计高程。

(6)什么叫变坡点?竖曲线分为凸形和凹形两种,在图中分别用(　　)和(　　)符号表示,符号中部的竖线应对准(　　),竖线两侧标注(　　)点的里程桩号和高程。

（7）该图中有一凸曲线，其变坡点的里程桩号为（　　），高程为（　　）m，曲线半径为（　　）m。凸曲线起点里程桩号为（　　），终点里程桩号为（　　）。

（8）曹沙会小桥位于（　　）桩号处。

（9）资料表部分包含哪些内容？

（10）K6+760处的设计高程为（　　）m，地面高程（　　）m，挖方高度为（　　），坡度为（　　）。

（11）什么情况下会出现超高，超高的含义是什么？

（12）K6+560桩号处位于平曲线的圆曲线段，K6+560桩号处道路左幅路面的超高为（　　）m，右幅路面超高为（　　）m（该路为一级公路，路基边缘到中央分隔带边缘的宽度为12.25m）。

图8-5　路线纵断面图形成示意图

一、道路路线纵断面图及其作用

道路路线纵断面图是通过公路中心线用假想的铅垂剖切面进行纵向剖切，然后展开绘制而获得的断面图。如图8-5所示，由于公路中心线是由直线和曲线组合而成的，所以纵向剖切面既有平面又有曲面。为了清晰地表达路线的纵断面情况，特采用展开的方法，将此纵断面展平成一平面，并绘制在图纸上，这就形成了路线纵断面图。

路线纵断面图的作用是表达道路中心的纵向线形、沿线地面的高低起伏状况以及地质和沿线设置构造物的概况。

二、识读道路路线纵断面图

路线纵断面图包括图样和资料表两部分，一般图样画在图纸的上部，资料表布置在图纸的下部。

如图8-6所示为山西省朔州市环城西路K6+400至K7+100段的路线纵断面图，与图8-1所示的公路路线平面图相对应。

1.图样部分

（1）比例。路线纵断面图的横向表示路线的里程（前进方向），竖向表示设计线和地面的高程。由于路线、地形的高程变化比起路线的长度要小得多，为了在路线纵断面图上清晰地显示出高程的变化和设计上的处理，绘图时一般竖向比例要比横向比例放大数倍。如图8-6所示，该图横向比例为1∶2000，而竖向比例为1∶200。为了便于画图和读图，一般还应在纵断面图的左侧按竖向比例画出高程标尺。

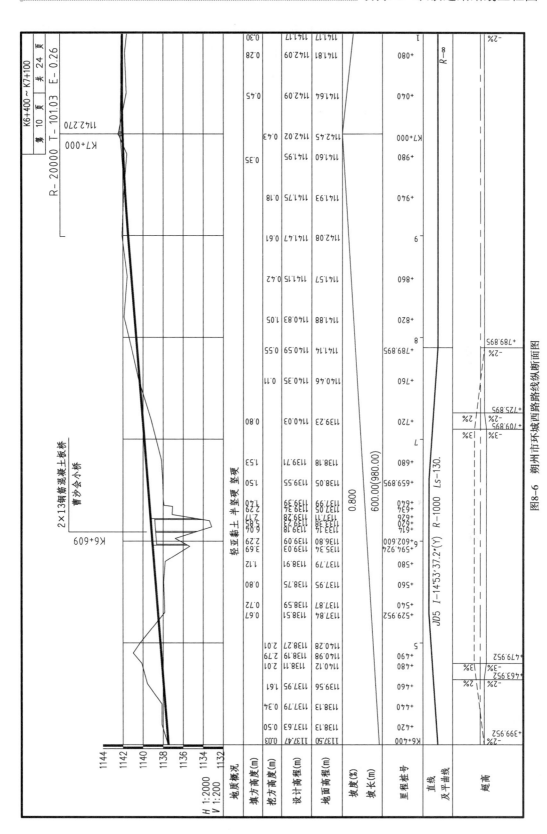

图8-6 朔州市环城西路路线纵断面图

(2)设计线和地面线。在纵断面图中,粗实线为公路纵向设计线,是由直线段和竖曲线组成的。它是根据地形起伏和公路等级,按相应的公路工程技术标准而确定的。设计线上各点的高程通常是指二级以下公路路基边缘的设计高程,或一级公路及高速公路中央分隔带外缘的设计高程。不规则的细折线为设计中心线处的地面线,它是根据原地面上沿线各点的实测中心桩高程而绘制的。比较设计线与地面线的相对位置,可确定填挖地段和填挖高度。

(3)竖曲线。在设计线的纵向坡度变更处,即变坡点,应按公路工程技术标准的规定设置竖曲线,以利于汽车平稳行驶。竖曲线及相关要素的画法如图8-7所示。竖曲线分为凸形和凹形两种,在图中分别用"⌐⌐"和"⌐⌐"符号表示,符号中部的竖线应对准变坡点,竖线两侧标注变坡点的里程桩号和变坡点的高程。符号的水平线两端应对准竖曲线的起点和终点,水平线上方应标注竖曲线的要素值(半径R、切线长T、外距E)。如图8-6所示,在K7+000处设有$R=20000m$的凸曲线,其切线长度$T=101.03m$,外距$E=0.26m$,该变坡点的高程为1142.270m。

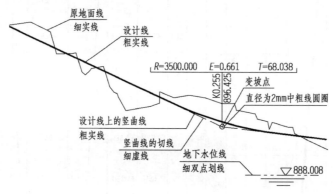

图8-7 竖曲线要素及其画法

(4)沿线构造物。道路沿线如设有桥梁、涵洞、立交和通道等构造物时,应在其相应的设计里程和高程处,按表8-3所示图例绘制并注明构造物名称、种类、大小和中心里程桩号。如图8-6所示,在K6+609里程桩处设有一座2×13钢筋混凝土板桥(曹沙会小桥),该桥共2跨,每跨为13m。

道路工程常用结构物图例(纵断面图)　　　　　　　　　　表8-3

序号	名称	图例	序号	名称	图例
1	箱涵		5	桥梁	
2	盖板涵		6	箱型通道	
3	拱涵		7	管涵	
4	分离式立交 a)主线上跨 b)主线下穿		8	互通式立交 a)主线上跨 b)主线下穿	

2.资料表部分

路线纵断面图的资料表是与图样上下对应布置的,这种表示方法,较好地反映出纵

向设计线在各桩号处的高程、填挖方量、地质条件和坡度及平曲线与竖曲线的配合关系。资料表主要包括以下栏目和内容:

(1)地质概况。根据实测资料,在该栏中注出沿线各段的地质情况。

(2)高程。资料表中有设计高程和地面高程两栏,它们应和图样互相对应,分别表示设计线和地面线上各点(桩号)处的高程。

(3)填挖高度。设计线在地面线下方时需要挖土,设计线在地面线上方时需要填土,挖或填的高度值应是各点(桩号)处对应的设计高程与地面高程之差的绝对值。

(4)坡度及坡长。标注设计线各段的纵向坡度和水平长度。该栏中的对角线表示坡度方向,左下至右上表示上坡,左上至右下表示下坡,坡度及坡长分注在对角线的上下两侧。如图8-6所示,该栏中第一格的标注"0.80%/600.00(980.00)",表示从K6+400至K7+000坡段设计纵坡为0.80%,设计长度为600m,括号中的数字980表示这段路总长度(两变坡点之间的道路长度)为980m,此段路线是上坡。

(5)里程桩号。沿线各点的桩号是按测量的里程数值填入的,单位为m,桩号从左向右排列。在平曲线的起点、中点、终点和桥涵中心点等处可设置加桩。

(6)直线及平曲线。在路线设计中竖曲线与平曲线的配合关系,直接影响着汽车行驶的安全性和舒适性,以及道路的排水状况,故《公路路线设计规范》对路线的平纵配合提出了严格的要求。由于道路路线平面图与纵断面图是分别表示的,所以在纵断面图的资料表中,以简约的方式表示出平纵配合关系。在该栏中,以"———"表示直线段;以"⌐‾‾⌐"和"⌐＿＿⌐"或"⌐‾‾⌐"和"⌐＿＿⌐"四种图样表示平曲线段,其中前两种表示设置缓和曲线的情况,后两种表示不设缓和曲线的情况,图样的凹凸表示曲线的转向,上凸表示右转曲线,下凹表示左转曲线。

从图8-6中可以看到该道路的水平设计线在桩号K6+400至K6+789.895段是平曲线,并沿路线前进方向向右转,该平曲线设有缓和曲线;在K6+789.895至K7+100段是直线。

(7)超高。为了减小汽车在弯道上行驶时的横向作用力,道路在平曲线处需设计成外侧高内侧低的形式,道路边缘与设计线的高程差称为超高,如图8-8所示。在图8-6的该栏中,居中且贯穿全栏的直线(点划线)表示设计高程,上侧折线(虚线)表示左幅路面超高,下侧折线(细实线)表示右幅路面超高。可以看出在K6+400至K6+789.895段,道路左幅路面超高为正值,左幅路面道路边缘高于设计线;道路右幅路面超高为负值,右幅路面道路边缘低于设计线。

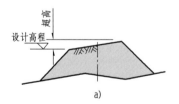 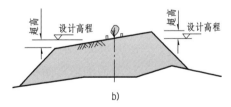

图8-8 道路超高
a)一般道路;b)一级路及高速路

图8-6的超高用百分数表示,如2%表示该处的超高为路基边缘到中央分隔带边缘宽度的2%,如道路边缘到中央分隔带边缘宽度为20m,那超高为0.4m。

读者可参照图8-1所示的朔州市环城西路路线平面图及任务三中朔州市环城西路

基横断面图进行分析。

纵断面图的标题栏绘在图纸的右下角,注明路线名称及纵、横比例等。图纸右上角应有角标,注明图纸序号及总张数。

任务三　识读公路路基横断面图

任务描述

识读图 8-11 所示的山西省朔州市环城西路 K6+400 至 K7+100 段的路基横断面图,回答提出的问题。

(1)路基横断面图的用途是什么?在路线的什么位置绘制横断面图?

(2)在路基横断面图上,路面线、边坡线、边沟线均采用(　　)线绘制,表示路面结构层厚度的线采用(　　)线绘制。道路中线采用(　　)线绘制,用地界线采用(　　)线绘制,原地面线采用(　　)线绘制。

(3)填土面积是否包含路面结构层部分?挖土面积是否包含路面结构层部分?

(4)K6+580 处为(填方或挖方)路基,用彩色笔描绘出填方或挖方面积;K6+490 处为(填方或挖方)路基,用彩色笔描绘出填方或挖方面积。

一、路基横断面图及其作用

路基横断面图是用假想的剖切平面,垂直于路中心线剖切而得到的,其作用是表达路线各中心桩处路基横断面的形状和横向地面高低起伏状况。

工程上要求,在路线的每一中心桩处,应根据实测资料和设计要求,画出一系列的路基横断面图,用以计算公路的土石方量和作为路基施工的依据,路基横断面图的要素及其画法如图 8-9 所示。

二、识读路基横断面图

路基横断面图的基本形式有以下 3 种:

(1)填方路基(路堤)。整个路基全为填方区。如图 8-10a)所示,填土高度等于设计高程减去地面高程。填方边坡一般为 1∶1.5。在图下注有该断面的里程桩号、中心线处的填方高度 H_T(m) 及该断面的填方面积 A_T(m^2)。

(2)挖方路基(路堑)。整个路基全为挖方区。如图 8-10b)所示,挖土深度等于地面高程减去设计高程,挖方边坡一般为 1∶1(该图为 1∶0.75)。图下注有该断面的里程桩号、中心线处挖方高度 H_W(m) 及该断面的挖方面积 A_W(m^2)。

(3)半填半挖路基。路基断面一部分为填方区,一部分为挖方区,是前两种路基的综合。如图 8-10c)所示,在图下注有该断面的里程桩号、中心线处的填(或挖)方高度 H_t(或 H_W)及该断面的填方面积 A_T 和挖方面积 A_W。

在同一张图纸内绘制的路基横断面图,应按里程桩号顺序排列,从图纸的左下方开始,先由下而上,再自左向右排列,如图 8-11 所示。

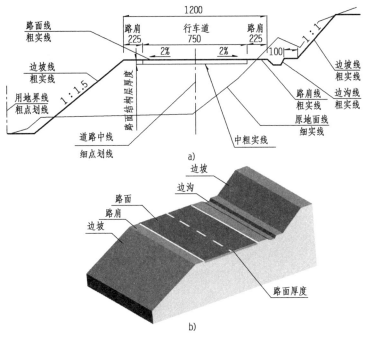

图 8-9 路基横断面图要素及其画法(尺寸单位:cm)

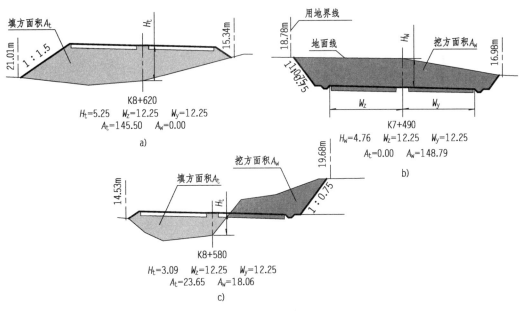

图 8-10 路基横断面图的基本形式
a)路堤;b)路堑;c)半填半挖

图 8-11 所示为山西省朔州市环城西路 K6+400 至 K7+100 段的路基横断面图,是与图 8-1 所示的路线平面图和图 8-6 所示的路线纵断面图相对应的,由于图幅的限制只引用了 K6+400 至 K6+594.924 段的断面图。请读者将 3 个图对照起来分析,以加深对道路路线工程图的理解。

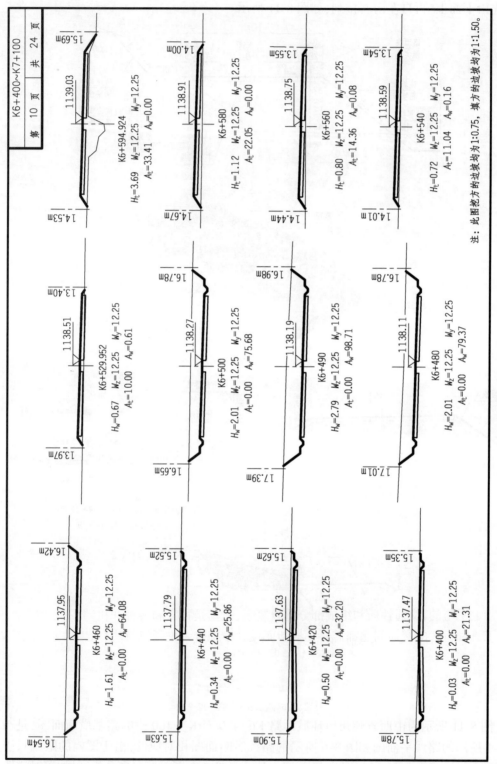

图8-11 朔州市环城西路路基横断面图

子项目二 识读城市道路工程图

项目描述

本项目以太原市大同路 K10+100 至 K10+320 段城市道路工程图为例,以识读该段城市道路横断面图、路线平面图、路线纵断面图为任务。掌握识读城市道路路线工程图的方法,形成识读城市道路工程图的能力。

任务一 识读城市道路横断面图

任务描述

识读图 8-13 所示太原市大同路横断面施工图,并回答提出的问题。
(1)城市道路横断面的布置有哪几种形式?
(2)城市道路横断面分为哪两种?
(3)城市道路标准横断面上应该绘制哪些内容?
(4)图 8-13 所示的横断面施工图中机动车行道路面结构的面层由哪几层组成,各层厚度如何?基层由哪几层组成,各层厚度如何?
(5)图 8-13 所示的横断面施工图中非机动车行道路面结构的面层由哪几层组成,各层厚度如何?基层由哪几层组成,各层厚度如何?
(6)图 8-13 所示的横断面施工图中人行道路面结构的面层由哪几层组成,各层厚度如何?
(7)路基横断面图的作用是什么?

城市道路一般由机动车道、非机动车道、人行道、绿化带、分隔带、交叉口和交通广场及各种设施组成。在交通高度发达的现代化城市,还建有架空高速道路及地下道路等。

城市道路的线型设计结果也是通过平面图、纵断面图和横断面图来表达的。它们的图示方法与公路路线工程图完全相同,但由于城市道路的设计是在城市规划与交通规划的基础上实施的,交通性质和组成部分比较复杂,尤其是行人和各种非机动车较多,各种交通工具和行人的交通问题都需要在横断面设计中综合考虑予以解决,所以横断面设计是矛盾的主要方面,一般都放在平面和纵断面设计之前进行。

一、城市道路横断面布置类型

城市道路的横断面就是垂直于道路中心线方向的断面。城市道路的横断面由车行道、人行道、分隔带及绿化带等组成。

根据机动车道和非机动车道的不同的布置形式,城市道路横断面的布置有以下 4 种基本形式。

（1）单幅路——俗称"一块板"断面。各种车辆在行车道上混合行驶。

（2）双幅路——俗称"两块板"断面。在行车道中心用分隔带或分隔墩将行车道分为两部分，上、下行车辆分向行驶，但同向交通仍在一起混合行驶。

（3）三幅路——俗称"三块板"断面。中间为双向行驶的机动车车道，两侧为方向彼此相反的单向行驶的非机动车车道。机动车和非机动车车道之间用分隔带或分隔墩分隔。

（4）四幅路——俗称"四块板"断面。在三幅路的基础上，再用中间分隔带将中间机动车车道分隔开，使机动车分向行驶。

上述 4 种横断面布置形式如图 8-12 所示。

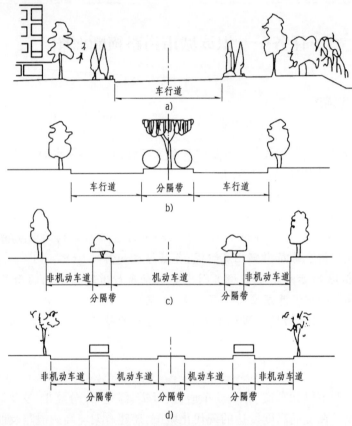

图 8-12　城市道路横断面布置基本形式
a）单幅路；b）双幅路；c）三幅路；d）四幅路

二、城市道路横断面图

城市道路横断面图分为标准横断面图和路基横断面图。

1.标准横断面图

在道路设计中，表示各路段的代表性设计横断面图称作标准横断面图。它是城市道路横断面设计的最后成果。在标准横断面图中，应绘出行车道、人行道、绿化带、照明设施、新建或改建的地下管道、规划红线宽度等各组成部分的位置和宽度，以及排水方向、路拱横坡等。标准横断面图可采用 1∶100 或 1∶200 的比例。

图 8-13 所示为太原市大同路横断面施工图，由标准横断面图、路面结构与路缘石安装大样图组成。

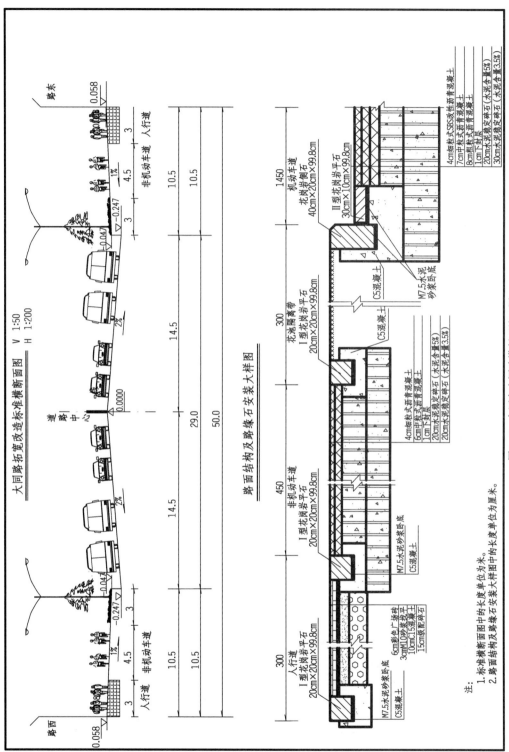

图8-13 太原市大同路横断面施工图

标准横断面图在垂直和水平方向上采用了不同比例,水平方向为1∶200,垂直方向为1∶50。由标准横断面图可知,该道路为"三块板"断面,路幅宽为50.0m,两侧机动车道宽度各为14.5m,横坡为2%;人行道宽为3m,横坡为1%;非机动车道宽为4.5m,横坡为1%。两侧非机动车行道与机动车行道之间的隔离带宽度为3m。图中给出了横断面上各特征点相对于道路中心线处的高程。

路面结构与路缘石安装大样图详细地表达了机动车行道、非机动车行道、人行道的路面结构情况及路缘石(平石、侧石)的安装情况。机动车行道路面结构的面层由上而下分别是细粒式沥青混凝土,厚度为4cm;中粒式沥青混凝土,厚度为7cm;粗粒式沥青混凝土,厚度为8cm;在面层和基层之间是1cm的下分层(黏结层)。基层为水泥稳定碎石(水泥含量5%),厚度为20cm;底基层为水泥稳定碎石(水泥含量3.5%),厚度为30cm。人行道的面层是6cm厚的彩色广场砖;彩色广场砖下是M10砂浆找平层,厚度为3cm;基层为C15混凝土,厚度为10cm;垫层为级配碎石,厚度为15cm。非机动车行道路面结构的面层由上而下分别是细粒式沥青混凝土,厚度为4cm;中粒式沥青混凝土,厚度为6cm;在面层和基层之间是1cm的下分层(黏结层)。基层为水泥稳定碎石(水泥含量5%),厚度为20cm;底基层为水泥稳定碎石(水泥含量3.5%),厚度为20cm。

路缘石的尺寸及安装情况请读者自己分析。

2.路基横断面图

在完成道路纵断面设计之后,道路中线上各中心桩处的填挖高度则为已知。沿道路中线每隔一定距离绘制横断面地面线,根据道路纵断面设计里程桩号、设计高程,以与横断面地面线相同的比例,把标准横断面图套上去,就形成路基横断面图(计算填方面积时不应包括路面结构层)。此图反映了各断面上的填、挖和拆迁界线,所以也称土方断面图。工程上要求在每一中心桩处(包括地形变化显著处的加桩),顺次画出每一个路基横断面图,用来计算道路的土石方量,如图8-14所示。

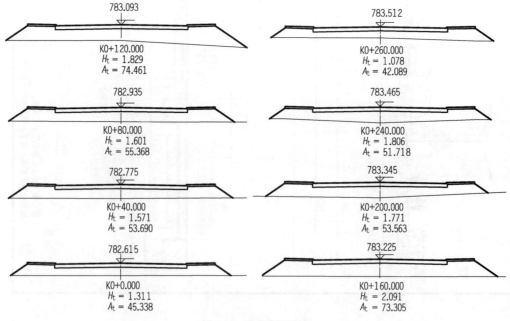

图8-14 路基横断面图

任务二　识读城市道路平面图

**任务描述**

　　识读图 8-15 所示太原市大同路 K10+100 至 K10+320 段的城市道路平面图，并回答提出的问题。
　　(1) 在城市道路平面图中，道路中心线、路基边缘线、地下管道、规划红线、原有道路边线分别应采用(　　)线、(　　)线、(　　)线、(　　)线、(　　)线。
　　(2) 在图 8-15 所示的城市道路平面图中，两侧机动车道宽度各为(　　)m，非机动车道宽度为(　　)m，人行道宽度为(　　)m。
　　(3) 由图 8-15 所示的城市道路平面图可见，该道路的断面布置型式为几幅路面。
　　(4) 该地区哪个方向地势较高？
　　(5) 为跨越杨兴河，新建道路上设计有钢筋混凝土板桥，该桥位于(　　)桩号处。

　　城市道路平面图与公路路线平面图相似，它是用来表示城市道路的方向、平面线形和车行道布置，以及沿路两侧一定范围内的地形和地物的情况。如图 8-15 所示，为太原市大同路 K10+100 至 K10+320 段的城市道路平面图。
　　城市道路平面图的内容可分为道路和地形、地物两部分。

一、道路情况

　　由于城市道路平面图采用比较大的比例，所以在平面图上可以按比例画出道路的宽度。道路中心线用细点划线表示，路基边缘线用粗实线表示，地下管道用粗虚线表示，规划红线用粗双点划线，原有道路边线等采用细实线。在道路中心线上标有里程桩号。在平面图中按比例绘制出机动车道、非机动车道的位置、宽度及各车道之间的分隔带、路缘带的位置、宽度。图中还应绘制人行道、人行横道线、交通岛等。
　　道路的走向，可用坐标网或指北针来确定。图 8-15 同时标有坐标网和指北针表示，"①" 符号表示指北针，箭头所指为正北方向。从指北针方向可知，大同路的走向为北偏东方向。
　　图 8-15 所示的平面图中，两侧机动车道宽度各为 14.5m，非机动车道宽度为 4.5m，人行道为 3m，道路中间没设置分隔带。机动车道与非机动车道之间的分隔带宽度为 3m，所以该道路为"三块板"即三幅路面的断面布置形式。
　　在城市道路平面图中应该按平面图的比例画出并详细注明交叉口处各路的去向、交叉角度、曲线元素及路缘石转弯半径。

二、地形和地物情况

　　城市道路所在的地区的地势一般比较平坦。地形除用等高线表示外，还用大量的地形测点表示高程。如图 8-15 所示，图中没有画等高线，只用地形测点表示，可以看出该地区北部较高、南部较低。

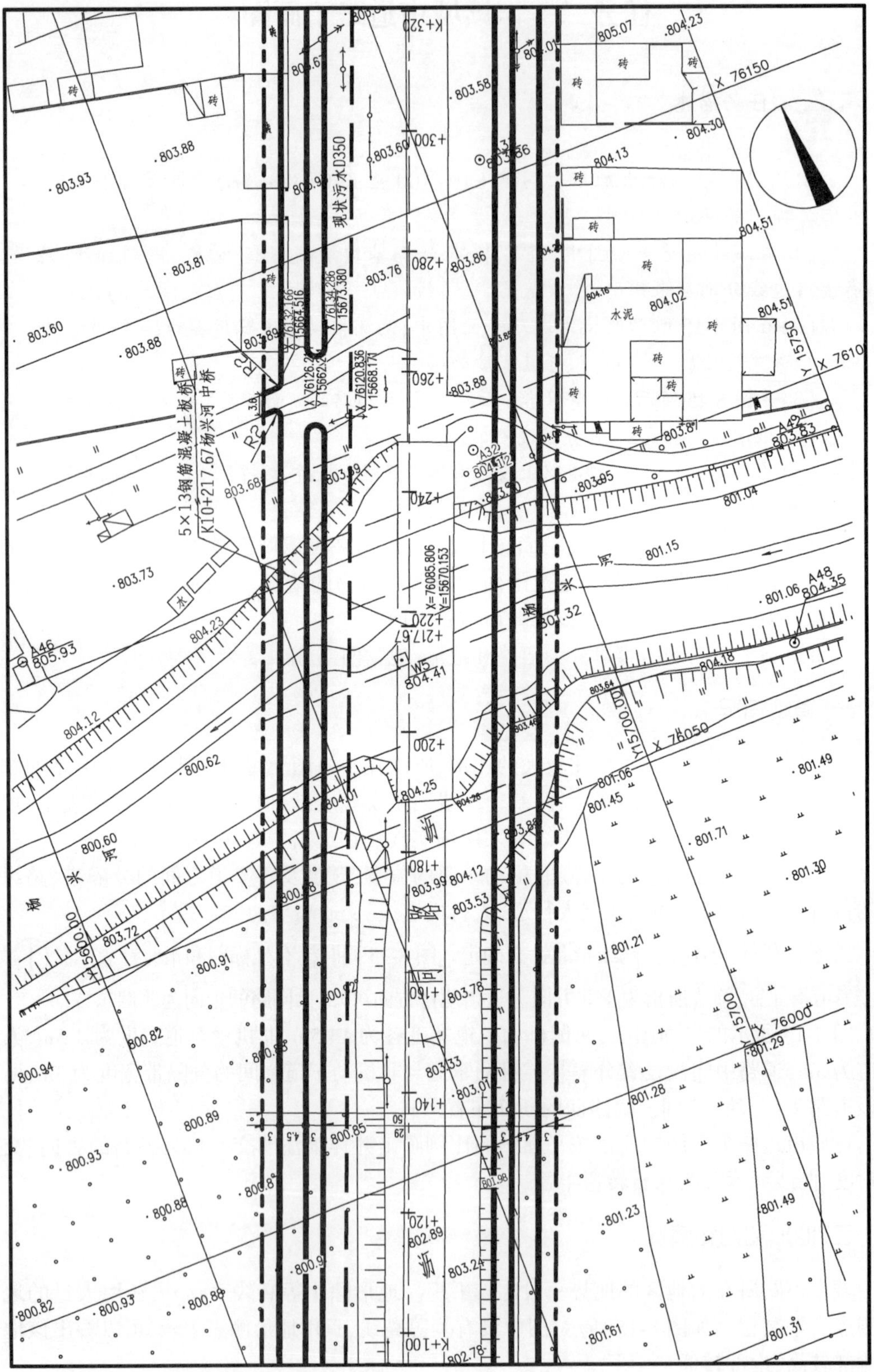

图8-15 太原市大同路道路平面图

城市道路平面图中地形面上的地物更多见的是房屋、原有道路、地下管道等。如图 8-15 所示,该段道路是郊区扩建的城市道路,从中可以看到原有道路(用细实线表示)为沥青路。新建道路占用了沿路两侧一些工厂、民房和其他用地。在该地区的东北部是一片民宅(砖瓦房)。中部有一条由东流向西的杨兴河,新建道路横跨杨兴河。为跨越杨兴河,新建道路上设计有 5×13m 钢筋混凝土板桥。该地区的东南部是一片旱地,西南部是一片树林。沿路线前进方向的左侧,有一条现状污水管(原有污水管)。图中还表示出控制点如导线点、图根点的位置。

任务三　识读城市道路纵断面图

识读图 8-16 所示的太原市大同路 K10+100 至 K10+320 段的道路路线纵断面图,回答提出的问题。
(1)该图横向比例为(　　),而竖向比例为(　　)。
(2)杨兴河中桥位于(　　)桩号处。该桥共(　　)跨,跨径为(　　)m。
(3)资料表部分包含哪些内容?
(4)K10+100 处的设计高程为(　　)m,地面高程(　　)m,填方高度为(　　)m,道路纵向坡度为(　　)。K10+100 桩号处位于平曲线的(　　)段。
(5)图中变坡点的桩号为(　　),高程为(　　)m。

城市道路纵断面图也是沿道路中心线的展开断面图。其作用与公路路线纵断面相同,内容也是包括图样和资料表两部分,一般图样画在图纸的上部,资料表布置在图纸的下部。如图 8-16 所示为太原市大同路 K10+100 至 K10+320 段的道路路线纵断面图。

一、图样部分

城市道路纵断面图的图样部分与公路路线纵断面图的图样部分图示方法完全相同,如绘图比例竖向较横向放大数倍表示等,如图 8-16 所示。

二、资料部分(与公路纵断面图基本相同)

城市道路纵断面图的资料表部分基本上与公路路线纵断面图相同,如图 8-16 所示。

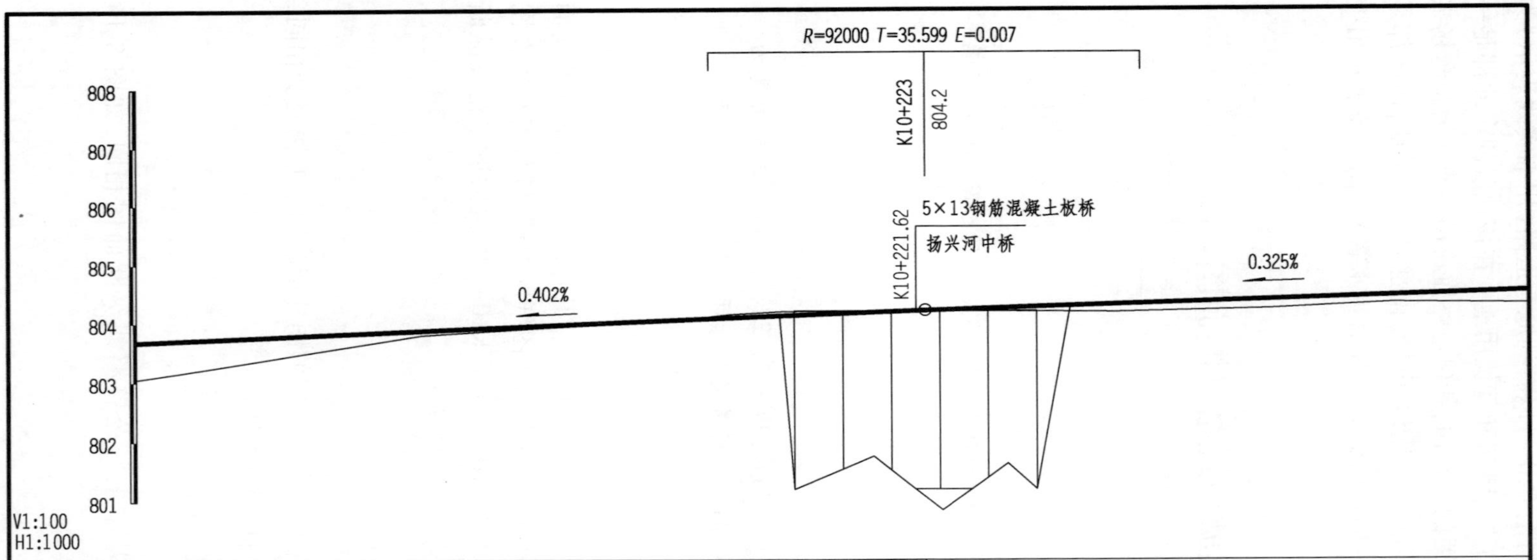

桩号	K10+100	+120	+140	+160	+180	+190.900	+200	+210	+220	+230	+240	+253 +255.191	+280	+300	+320
路中填挖高 (m)	0.551	0.312	0.076	0.039	0.019	-0.057	-0.071	-0.038	-0.006	0.035	0.075	0.129 0.136	0.161	0.126	0.211
地面高程 (m)	803.154	803.474	803.79	803.908	804.008	804.128	804.178	804.183	804.188	804.183	804.178	804.168 804.168	804.224	804.324	804.304
设计高程 (m)	803.705	803.786	803.866	803.947	804.027	804.071	804.107	804.145	804.182	804.218	804.253	804.297 804.305	804.385	804.45	804.515
坡度 (%) 坡长 (m)	0.402% 123(373)						0.325% 760(177)						0.325%		
平曲线															

图8-16 太原市大同路道路路线纵断面图

V1:1:100
H1:1:1000

R=92000 T=35.599 E=0.007
K10+223 804.2
5×13钢筋混凝土板桥
杨兴河中桥
K10+221.62

项目九　识读桥梁工程图

项目描述

当道路路线在跨越江河湖泊、山谷、低洼地带及其他路线(公路和铁路)时,需要修筑桥梁以保证车辆的正常行驶和宣泄水流,并保证船只的通航和桥下公路或铁路的运行。

修筑桥梁需用一系列的桥梁工程图,桥梁工程图分为桥位平面图、桥位地质纵断面图及桥型布置图、构件图和大样图等几种。

本项目以某县乡公路上的蔡家庄中桥为例,以识读桥位平面图、桥位地质纵断面图及桥型布置图、构件构造图为任务,形成识读桥梁工程图的能力。

任务一　识读桥梁总体布置图

任务描述

识读桥梁总体布置图(桥位平面图、桥位地质纵断面图及桥型布置图),并回答提出的问题。

1.了解桥梁组成与分类。

(1)桥梁由哪几部分组成?

(2)按桥梁的受力体系的不同可分为哪几种类型?

(3)按照桥梁全长和跨径的不同分为哪几种?其长度范围如何?

2.识读桥位平面图。

(1)图9-3所示的桥位平面图上,桥梁中心位置的桩号为(　　),该桥的跨径为(　　)m,共有(　　)跨。该桥的大致走向为由(　　)方向到(　　)方向。

(2)图中1号钻孔是什么类型的孔,其孔口高程为(　　)m,孔深为(　　)m。

3.识读桥位地质断面图。

(1)桥位地质断面图包括哪些内容?图9-4所示的桥位地质断面图上,桥梁中心位置处从上到下的各地质分别为(　　)层、(　　)层、(　　)层。

(2)该桥位地质断面图上高度方向的比例是(　　),水平方向的比例是(　　)。

127

(3) 图中2号钻孔是什么类型的孔,其孔口高程为( )m,孔深为( )m。

4.识读桥型布置图。

(1)桥型布置图的图示内容主要有哪些?各部分的表达特点是什么?

(2)图9-6所示的桥梁,共有( )跨,跨径为( )m,桥梁长度为( )m,桥面宽度为( )m,上部结构由( )块板组成。

(3)侧面图采用了两个断面图,断面图采用的比例为( )。在两个断面图中指出桥墩立柱、桥墩桩基的投影,指出桥台立柱、桥台盖梁、桥台桩基的投影。在正面投影中指出耳墙、锥形护坡、桥头搭板的投影。

(4)0号桥台基础底面的高程分别为( )m,该桥的设计高程为( )m。该桥位于( )桩号处。

一、认识桥梁的组成与分类

1.桥梁的组成

桥梁主要是由上部结构(主梁或主拱圈和桥面系)、下部构造(桥墩、桥台和基础)及附属构造物(栏杆、灯柱及护岸、导流结构物)等组成。上部结构习惯称为桥跨结构,桥墩和桥台是支承桥跨结构并将荷载通过基础(桥台基础及桥墩基础)传至地基的建筑物,又称为下部结构。在上部结构与下部结构连接处设置有传力装置支座。在路堤与桥台衔接处,一般还在桥台两侧设置石砌的锥形护坡,以保证迎水部分路堤边坡的稳定,如图9-1所示。

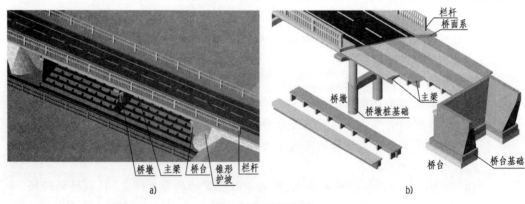

图 9-1 桥梁示意简图

桥梁全长(桥长 L)是桥梁两端两个桥台的侧墙或八字墙后端点之间的距离。对于无桥台的桥梁为桥面系行车道的全长。

2.桥梁的分类

按桥梁的受力体系的不同可划分为:梁式桥、拱式桥、刚架桥、斜拉桥、悬索桥等,如图9-2所示。

按主要承重结构所用的材料划分为:圬工桥(包括砖、石、混凝土桥)、钢筋混凝土桥、预应力混凝土桥、钢桥和木桥等。

图 9-2 桥梁的分类
a)梁桥;b)拱桥;c)悬索桥;d)斜拉桥;e)刚架桥

按桥梁全长和跨径的不同划分为:特大桥、大桥、中桥和小桥,见表 9-1。

按桥梁全长和跨径的不同分类　　　　　　　　　　　　表 9-1

桥梁分类	多孔桥全长	单孔跨径(m)
特大桥	$L \geqslant 500$	$L \geqslant 100$
大桥	$L \geqslant 100$	$L \geqslant 40$
中桥	$30 < L < 100$	$20 \leqslant L \leqslant 40$
小桥	$8 < L < 30$	$5 \leqslant L \leqslant 20$

按跨越障碍的性质分为:跨河桥、跨线桥(立体交叉)、高架桥和栈桥。

无论其形式和建筑材料如何,但图示方法是相同的。下面我们结合桥梁专业图的图示特点来阅读和分析桥梁工程图。

二、识读桥位平面图

桥位平面图主要是表示桥梁的平面位置,与路线连接的情况,以及与地形地物的关系。桥位平面图与路线平面图画法基本相同,只是比例比较大。

通过地形测量绘出桥位处的道路、河流、水准点、钻孔及附近的地形和地物的平面图,以便作为设计桥梁、施工定位的根据。桥位平面图中的植被、水准符号等图例与道路路线平面图中的图例一致,一些特殊的图例在图中适当位置标出,读图时注意通过阅读图例来分析桥位平面图中的内容。

图9-3所示,为某桥的桥位平面图。除了表示路线平面形状、地形和地物外,还表明桥位中心、钻孔、里程、水准点等的位置和有关数据。图中表示一座六孔跨径为20m的空心板梁桥跨越长源河,桥梁中心位于K5+835处。图中共有4个钻孔,有动探孔、取样孔和综合孔。桥中心位置的3号钻孔是一动探和取样的综合孔,其孔口高程为1001.6m,孔深为20m。

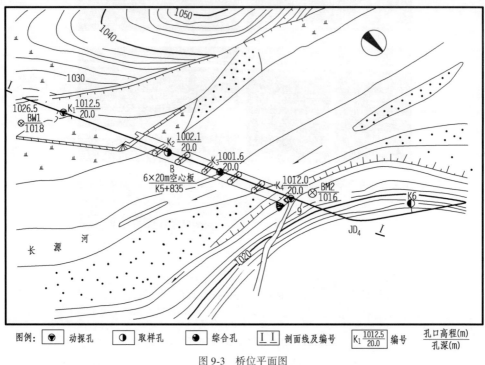

图9-3 桥位平面图

三、识读桥位地质断面图

桥位地质断面图是根据水文调查和地质钻探所得的资料绘制成的桥梁所在河床位置的断面图,它是沿桥梁中心线用假想的铅垂面纵向剖切得到的断面图。桥位地质断面图包括河床断面线、钻孔位置、各地质层的地质情况、最高水位线、常水位线和最低水位线,以便作为设计桥梁、桥台、桥墩和计算土石方数量的依据;为了显示地质和河床深度变化情况,桥梁地质断面图上特意把地形高度(高程)的比例较水平方向比例放大数倍画出。

和桥位平面图一样,读图时要注意通过阅读图例来分析图中的内容。

图9-4所示,为某桥的地质断面图。图中标出了钻孔的位置、孔口高程、钻孔深度及孔与孔之间的间距,图中地形高度的比例采用1:200,水平方向比例采用1:500。

桥梁的地质断面图有时以地质柱状图的形式直接绘在桥型布置图的立面图正下方。有些桥可不绘制桥位地质断面图,但应写出地质情况说明。

四、识读桥型布置图

1.分析桥型布置图的图示内容与特点

桥型布置图主要由立面图、平面图、侧面图(断面图)、纵断面高程数据表及注释组成。

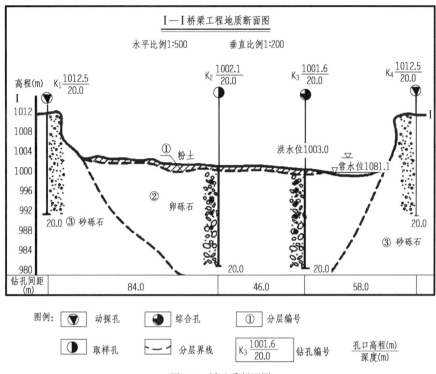

图9-4 桥地质断面图

（1）立面图。由于桥梁左右对称，立面图一般采用半剖面图的形式表示，剖切平面通过桥梁中心线沿纵向剖切。当桥梁结构较简单时也可采用单纯的正面投影图来表示。由于桥台、桥墩桩基（桩基础）一般埋置较深，为了节省图幅经常采用折断画法。

（2）平面图。平面图可采用半剖图或分段揭层的画法来表示，半剖图是指左半部分为水平投影图，右半部分为剖面图（假想将上部结构揭去后的桥墩、桥台的投影图）。分段揭层的画法指在不同的墩台处假想揭去不同高度以上部分的结构后画出投影的方法。当桥梁结构较简单时也可采用单纯的水平投影图来表示。

（3）侧面图。根据需要侧面图可采用一个或几个不同断面图来表示。如图纸空间受到限制，在工程图中侧面图也可采用两个不同位置的断面图各画一半合并而成。为了表达清楚桥梁断面形状与尺寸，侧面图可以采用比平面图和立面图较大的比例。在路桥专业图中，画断面图时，为图面清晰、突出重点只画了剖切平面后离剖切平面较近的可见部分。

（4）根据道路工程制图国家标准规定，可将土体看成透明体，所以埋入土中的基础部分都认为是可见的，可画成实线。

2.识读桥型布置图

如图9-5所示，为一空心板简支梁桥的立体图。图9-6为该桥的桥型布置图。该桥位于K38+390.00处，是四跨钢筋混凝土空心板梁桥，桥长度为45.00m，桥宽度为12.00m。

从立面图上可以看出该桥起点桩号为K38+367.50，终点桩号为K38+412.50，桥跨中心位于K38+390.00桩号处。全桥共4跨，跨径均为10m，全长为45m（从耳墙的后边缘算起）。立面图上标注出桥梁中心线上桩基底面、顶面、立柱顶面各部分的高程。根据图中桥梁各部分的高程可以知道立柱的高度及混凝土钻孔桩的埋置深度等,由于桩基础埋置较深,为了节省图幅采用了折断画法。

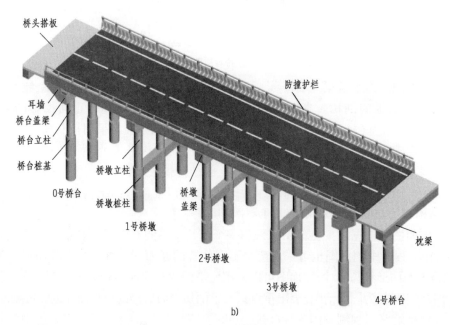

图 9-5　桥梁立体图

立面图中还反映出两侧桥台为带耳墙的柱式桥台,由立柱和柱下的钻孔灌注桩基础组成。河床中间有 3 个柱式桥墩,它由立柱、系梁和钻孔灌注桩基础共同组成。将土体看成透明体,所以埋入土中的桩基础部分画成实线。

立面图上桥台两侧与道路衔接处的虚线是桥头搭板,搭板下的长方形虚线是枕梁,桥头搭板一端支撑在枕梁上,一端支撑在桥台背墙上,连接道路和桥梁。

平面图采用了分段揭层的画法。2 号桥墩中心线左侧为投影图,从中可以看到锥形护坡以及桥面的布置情况;2 号桥墩中心线右侧是假想揭去桥梁上部结构后画出的,从中可以看到桥墩盖梁和支座的布置情况;3 号桥墩处是假想揭去了盖梁以上的部分后画出的,从中

项目九 识读桥梁工程图

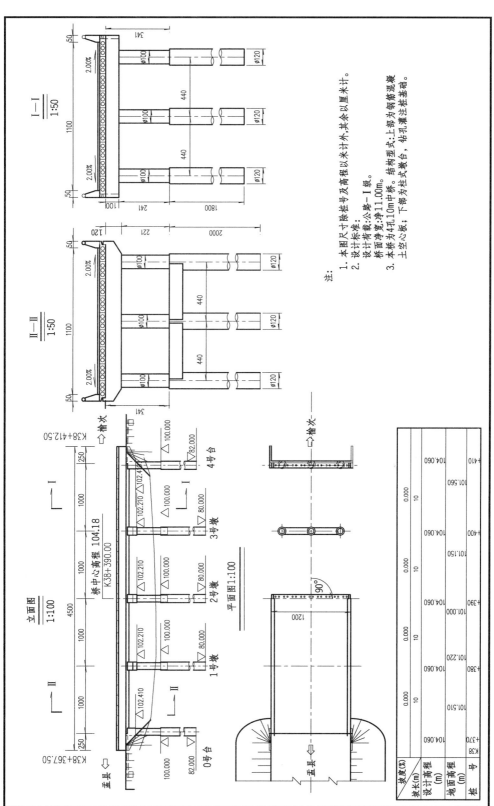

图 9-6 桥型布置图

可以看到立柱、桩基的分布情况及立柱、桩基与系梁的关系;右侧桥台处是假想揭去桥梁上部结构后得到的,从中可以看到桥台盖梁、支座、耳墙、桥台立柱、桩基础的布置情况。

侧面图用Ⅰ—Ⅰ和Ⅱ—Ⅱ两个断面图来表达。为了更清楚地表达断面形状,该图采用1∶50的比例。Ⅰ—Ⅰ断面是在右边跨处剖开得到的,主要表达该处桥梁的桥跨结构横断面布置情况和4号桥台(包括盖梁、立柱及桩基)侧面方向的形状与尺寸;Ⅱ—Ⅱ断面是从左边跨处剖开得到,主要表达该处桥跨结构横断面布置情况和离剖切平面较近的1号桥墩(包括盖梁、立柱、及桩基)侧面方向的形状与尺寸。从侧面图中可看出,桥面净宽为11m,桥面总宽为12m,由9块钢筋混凝土空心板拼接而成,桥面的横向坡度为双向坡,坡度为2.00%。

在平面图下面与平面图对齐画出纵断面高程数据表,表中列出了桥台、桥墩的桩号及各桩号处的设计高程、各测点的地面高程及各跨的纵坡。从表中可知该桥梁没设纵坡。

任务二　识读构件钢筋构造图

任务描述

通过分析钢筋混凝土空心板的钢筋混凝土结构图,了解钢筋混凝土知识,了解钢筋混凝土结构图的图示内容与特点,并回答提出的问题。

(1)钢筋混凝土结构图主要包括哪两类图样?各有什么特点?

(2)根据钢筋在构件中的作用,构件中钢筋可分为(　　)筋、(　　)筋、(　　)筋、(　　)筋和(　　)筋。

(3)HPB300(Ⅰ级)、HRB335(Ⅱ级)、HRB400(Ⅲ级)、HRB500(Ⅳ级)钢筋的符号为(　　)、(　　)、(　　)、(　　),其屈服强度分别为(　　)、(　　)、(　　)、(　　)。

(4)《混凝土结构设计规范》(GB 50010—2010)将普通混凝土按其抗压强度分为(　　)等级。C25与C40哪个抗压强度大,抗压强度最低等级的混凝土为(　　)混凝土,抗压强度最高等级的混凝土为(　　)混凝土。

(5)什么叫混凝土保护层,什么叫净距?

(6)钢筋骨架的组装形式有哪两种?

(7)钢筋构造图的图示内容有哪些?钢筋混凝土板、梁的配筋图常选用(　　)图、(　　)和几个(　　)图来表示。

(8)钢筋构造图的图示特点是什么(熟记)?

(9)钢筋编号标注的3种方式是什么?

(10)图9-10中1号钢筋有(　　)根,分布在梁的(　　)部和(　　)部。4号箍筋全梁共(　　)根,分布间距为(　　)cm。

(11)图9-10中桥台盖梁的混凝土强度等级为(　　)。该盖梁需(　　)m³的混凝土。

一、认知桥梁构件

图9-7为桥梁各主要构件的立体示意图。桥梁由上部结构(桥跨结构)、下部结构(墩台结构)及附属构造物等组成。桥梁的上部结构包括主梁和桥面系,图中的空心板、桥面铺装为桥梁的上部结构,桥跨结构是桥梁中的主要受力构件。桥梁的下部结构包括桥墩、桥台和基础。桥跨结构通过支座支撑在桥墩、桥台上。桥跨结构上部的栏杆为桥梁的附属结构。

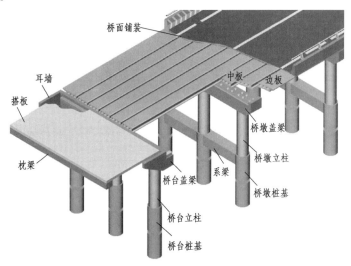

图9-7 桥梁构件的立体示意图

桥梁构件大部分是钢筋混凝土构件,钢筋混凝土结构图主要包括两类图样:一类称为构件一般构造图(或模板图),只画出构件的形状和大小,不表示内部钢筋的布置情况;另一类称为钢筋构造图(或钢筋结构图或钢筋布置图),即主要表示构件内部钢筋的布置情况。当构件比较简单时只画钢筋构造图。

二、钢筋混凝土知识

钢筋混凝土结构是由钢筋和混凝土两种物理力学性能不同的材料按一定的方式结合成一个整体共同承受外力的结构物,如钢筋混凝土梁、板、柱、桩、拱圈等。

1.钢筋的作用与分类

根据钢筋在构件中所起的作用,可分为下列几种:

(1)受力钢筋(主筋)——承受构件内力的主要钢筋,如图9-8中的N1。

(2)箍筋(钢箍)——主要固定受力钢筋位置,并承受一部分内力,如图9-8中的N7、N8。

(3)架立钢筋——用来固定箍筋的位置,并与构件内的受力筋、箍筋一起构成钢筋骨架,如图9-8中的N3。

(4)分布钢筋——一般用于钢筋混凝土板或高梁结构中,用以固定受力钢筋位置,使荷载更好地分布给受力钢筋,并防止混凝土收缩和温度变化出现的裂缝,如图9-10中的N3。

(5)构造筋——因构件的构造要求和施工安装需要配置的钢筋,如图9-8中的吊装钢筋、绞缝钢筋等。

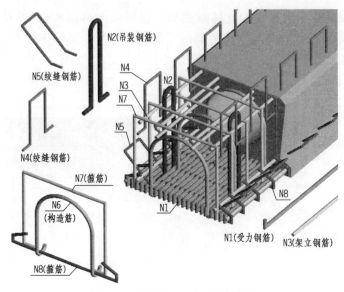

图9-8 钢筋混凝土空心板中的钢筋

2.钢筋的种类与符号

《混凝土结构设计规范》(GB 50010—2010)规定钢筋混凝土结构及预应力混凝土结构中的普通钢筋宜采用 HRB400、HRBF400、HRB500、HRBF500 钢筋,也可采用 HRB335 和 HPB300 钢筋,参见表9-2。

钢筋强度标准值(N/mm^2)(GB 50010—2010) 表9-2

种 类	符号	d(mm)	屈服强度	抗拉强度
HPB300	原Ⅰ级钢筋	ϕ	6~22	300	420
HRB335 HRBF335	原Ⅱ级钢筋	ϕ ϕF	6~50	335	455
HRB400 HRBF400 RRB400	原Ⅲ级钢筋	ϕ ϕF ϕR	6~50	400	540
HRB500 HRBF500	原Ⅳ级钢筋	ϕ ϕF	8~40	500	630

3.钢筋的弯钩

对于受力钢筋,为了增加它与混凝土的黏结力,在钢筋的端部做成弯钩。弯钩的标准形式有半圆、直弯钩和斜弯钩三种,如图9-9所示。

4.混凝土的等级和混凝土保护层

混凝土按其抗压强度分为不同的等级,《混凝土结构设计规范》(GB 50010—2010)将普通混凝土分为C15、C20、C25、C30、C35、C40、C45、C50、C55、C60、C65、C70、C75、C80 14个等级。数字越大,混凝土的抗压强度越高。

为了防止钢筋裸露在大气中而锈蚀钢筋外表面,其到混凝土表面必须有一定的厚度,称为混凝土保护层。钢筋边缘至混凝土表面距离,称为净距。

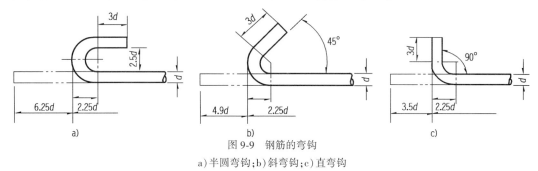

图9-9 钢筋的弯钩
a)半圆弯钩;b)斜弯钩;c)直弯钩

5.钢筋骨架

为制作钢筋混凝土构件,先将不同直径的钢筋,按照需要的长度截断,根据设计要求进行弯曲,再将弯曲后的钢筋组装。钢筋组装成型,一般有两种方式:一种是用铁丝绑扎钢筋骨架;另一种是焊接钢筋骨架,先将钢筋焊成平面钢筋骨架,然后用箍筋联系(绑或焊)成立体骨架形式。

三、钢筋混凝土结构图的图示内容与特点

1.钢筋构造图的图示内容

(1)配筋图。

对于梁、板等钢筋混凝土结构,常选用立面图、平面图和几个断面图来表示,如图9-10所示;对于柱体类钢筋混凝土结构,则采用一个立面图和几个断面图来表示,如图9-25所示。主要表明各钢筋的配置,它是绑扎或焊接钢筋骨架的依据。

(2)成型图(钢筋详图)。

钢筋成型图是表示每种钢筋形状和尺寸的图样,是钢筋成型加工的依据。在画钢筋成型图时,主要钢筋应尽可能与配筋图中同类型的钢筋保持对齐关系,如图9-10a)所示。

(3)钢筋数量表(钢筋明细表)。

在钢筋构造图中,一般还附有钢筋数量表,内容包括钢筋的编号、直径、每根长度、根数、总长及质量等,如图9-10a)中的钢筋数量表。

2.钢筋构造图的图示特点

(1)为突出结构物中钢筋配置情况,把混凝土假设为透明体,结构外形轮廓画成细实线,如图9-10a)所示。

(2)钢筋纵向画成粗实线(钢箍可为中实线),钢筋断面用黑圆点表示,如图9-10a)中的断面图。

(3)当钢筋密集,难以按比例画出时,钢筋间的间隙允许夸大绘制,当钢筋并在一起时,画图应留有空隙,以免线条重叠。

(4)在道路工程图中,钢筋直径的尺寸单位采用mm,其余尺寸单位均采用cm,图中无须注出单位。

(5)在钢筋构造图中,要用阿拉伯数字对各种钢筋编号。

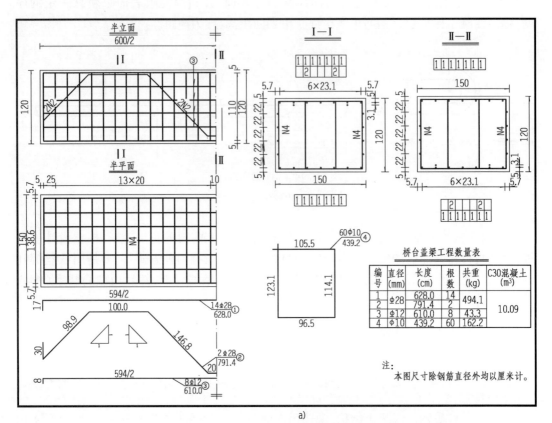

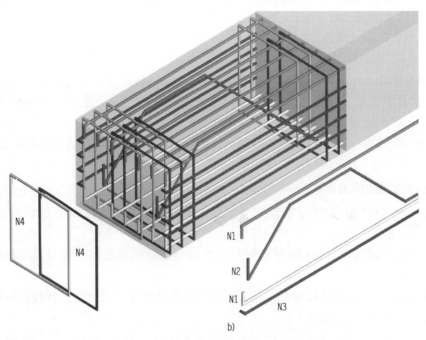

图 9-10 钢筋构造图

钢筋编号的标注有 3 种方式：

①可将编号注在引出线外端的细实线圆圈内。如图 9-10a)中的 $\frac{8\phi12}{610}$③, $\frac{8\phi12}{610}$③表示编号为 3 号的钢筋,有 8 根,直径为 12mm,钢筋为 HPB300 钢筋(φ 是钢筋直径符号,也表示钢筋的种类,不同种类的钢筋直径符号不同,见表 9-2),每根钢筋的断料长度(总长度)为 610cm。

②可将编号标注在与钢筋断面对应的细实线方格内,如图 9-10a)所示的Ⅰ—Ⅰ断面图下部是 7 根 1 号钢筋。

③可将冠以 N 字的编号,注写在钢筋的侧面,根数标在 N 字之前(有时不注写根数)。如图 9-10a)中的 2N2 表示 2 根编号为 2 的钢筋。

3.钢筋构造图的识读方法

(1)概括了解各投影图及剖面图、断面图的剖切位置和投影方向。

(2)根据各投影中给出的细实线的轮廓线确定混凝土构件的外部形状。

(3)综合各投影图、断面图、钢筋详图分析各种钢筋的形状、尺寸、数量及分布情况。一般可以在断面图中分析主筋、架立钢筋及分布钢筋在构件断面中的分布情况,分析箍筋的组成及形状。而在立面图、平面图中分析主筋和架立钢筋的形状,分析箍筋沿构件长度方向的分布情况。各种钢筋的详细尺寸与形状,要仔细阅读钢筋详图。

(4)仔细阅读钢筋数量表确定钢筋的种类及各种钢筋的直径、强度等级、数量。

注意:主筋、架立钢筋或分布钢筋沿构件纵向分布,主筋的直径较大、强度等级高,而箍筋与主筋互相垂直。如图 9-10a)中所示 1、2 号钢筋为主筋(分布在顶面的 1 号钢筋受压,分布在底面的 1 号钢筋受拉;2 号钢筋为斜筋,主要承受剪力);3 号钢筋为分布钢筋,4 号钢筋为箍筋。其中 1、2 号钢筋为 HRB335 钢筋(Ⅱ级钢筋),3、4 号钢筋为 HPB300 钢筋(Ⅰ级钢筋)。

为了图面清晰,立体示意图中省略了中间部分的箍筋。

任务三　识读桥跨结构图

任务描述

1.识读钢筋混凝土空心板一般构造图,回答提出的问题。

(1)图 9-12 为钢筋混凝土空心板中板和边板的一般构造图,由哪几部分组成?

(2)钢筋混凝土空心板的孔的直径为(　　)cm,两孔的中心间距为(　　)cm。

(3)钢筋混凝土板的跨径为(　　)m,实际长度为(　　)m,中板的宽度为(　　)m。

(4)立面图、平面图上端部的虚线表示什么?混凝土封头的长度为(　　)cm。

(5)锚拴孔的形状为(　　)形,直径为(　　)cm。
(6)支座中心线到钢筋混凝土端部的距离为(　　)cm。
2.识读钢筋混凝土中板钢筋构造图,回答提出的问题。
(1)图中共有(　　)种钢筋,其中1号钢筋为受拉钢筋,共(　　)根,分布在板梁的(　　)部,1号钢筋的中心间距为(　　)cm。
(2)2号钢筋为吊装钢筋,分布在梁的两端,共(　　)根,3号钢筋为架立钢筋,共(　　)根。6号筋每(　　)cm设一道,其下端钩在(　　)号钢筋上并与之绑扎,全梁共(　　)根。
(3)4、5号钢筋为横向连接钢筋(预埋绞缝钢筋),分布间隔均为(　　)cm,各(　　)根。7、8号钢筋均为(　　)根。其中39×20代表什么含义?
(4)一块钢筋混凝土中板钢筋总重量为(　　)kg。
3.识读桥面铺装钢筋构造图,并回答下列问题。
(1)桥面铺装层由(　　)种钢筋组成,现浇C30混凝土(　　)cm,面层为沥青混凝土(　　)cm。
(2)98×10代表什么含义?
(3)尺寸数字2×162+7×124+8×1=1200表示什么意思。
(4)一孔桥面铺装需要沥青混凝土(　　)m³。
(5)桥面行车道宽度为(　　)cm。整个桥面宽为(　　)cm。
4.识读桥面连续钢筋构造图,并回答下列问题。
(1)1号钢筋与2号钢筋相互垂直,2号钢筋长(　　)cm,其长度方向垂直于桥面中心线,在桥墩中心线两侧各50cm范围内均匀分布,每(　　)cm布置一根,共(　　)根。
(2)3号箍筋垂直于2号钢筋均匀分布在整个桥宽上,间距为(　　)cm,共(　　)根。
(3)1号钢筋平行于桥面中心线,每隔(　　)cm一根,共(　　)根,1号钢筋长度为(　　)cm。1号钢筋中部(伸缩缝两侧)有110cm长度为失效段,失效段采用(　　)裹紧的措施,做到钢筋不与混凝土黏结。
(4)一孔桥面连续缝需要C30混凝土(　　)m³。

桥跨结构包括主梁和桥面系。常见的钢筋混凝土主梁有钢筋混凝土空心板梁、钢筋混凝土T形梁及钢筋混凝土箱梁等,如图9-11所示。

一、钢筋混凝土空心板构造图

图9-12所示为图9-5所示桥梁上的钢筋混凝土空心板中板和边板的一般构造图(图9-13为空心板立体示意图)。该图主要表达板的外部形状与尺寸,它由半立面图、半平面图、断面图及绞缝钢筋施工大样图组成。由于边板和中板的立面形状区别不大,所以图中只画了中板立面图;又由于板纵向对称,图中采用了半立面图、半平面图。由图可看出该板跨径为1000cm,两端留有接头缝,板的实际长度为996cm;中板宽度为124cm,

板的横向也留有1cm的缝;边板的宽度为162cm。断面图中省略了材料图例。

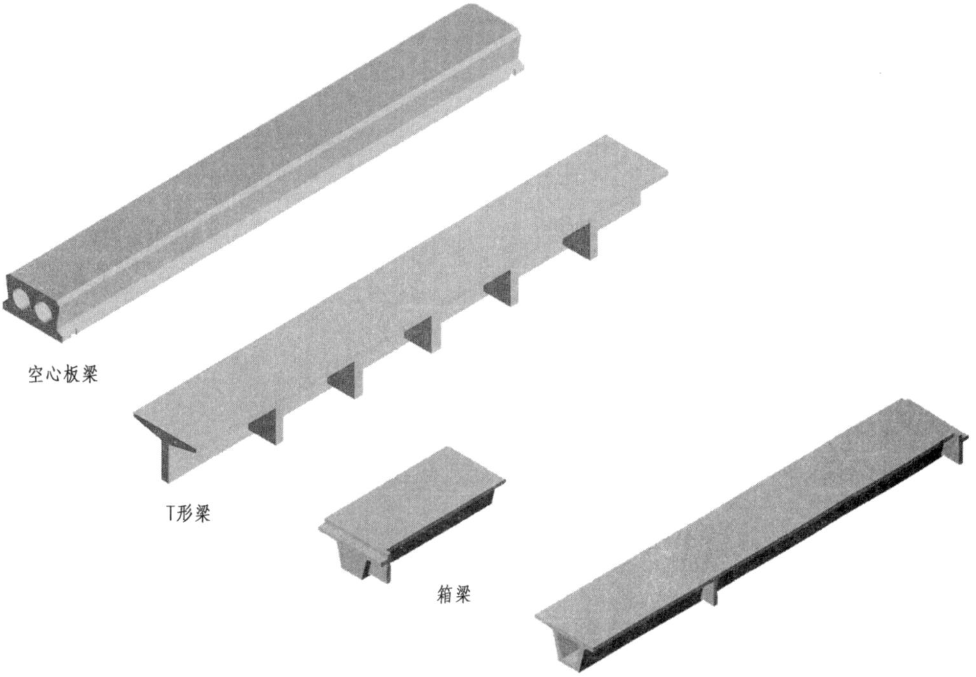

图 9-11 常见的钢筋混凝土主梁

二、钢筋混凝土空心板钢筋构造图

图9-14为钢筋混凝土中板钢筋构造图,图9-15为其立体示意图。在结构图中用细实线及虚线表示其外形轮廓线。该图由立面图、平面图、横断面图、钢筋详图及钢筋数量表组成。由于空心板比较长,立面图、平面图都采用了折断画法。平面图由1/2Ⅰ—Ⅰ断面、1/2Ⅱ—Ⅱ断面拼接而成,分别表达板的下部与上部钢筋分布情况。Ⅰ—Ⅰ、Ⅱ—Ⅱ断面图分别采用了折断画法。横断面图表达出空心板的3个圆孔位置、钢筋的断面分布情况及主要钢筋的定位尺寸。

图中共有8种钢筋,其中1号钢筋为受拉钢筋,共20根,分布在板梁的底部。从断面图上可以看出其定位尺寸。尺寸19×6.1表示19个间距且每个间距为6.1cm。2号钢筋为吊装钢筋,分布在梁的两端,共4根。3号钢筋为架立钢筋,共14根。6号钢筋每40cm设一道,其下端钩在8号钢筋上并与之绑扎,全梁共78根。7、8号钢筋一起组成箍筋,在立面图中重叠在一起。其分布情况与定位尺寸可在立面图与平面图中看出,在板梁端部第一与第二道箍筋的间距为5cm,其余在10cm×10cm范围内每隔10cm分布一道,在板梁中部39cm×20cm的范围内每隔20cm分布一道,全梁7、8号钢筋形成1+10+39+10+1=61个间距,即7、8号钢筋各62根。4、5号钢筋为横向连接钢筋(预埋绞缝钢筋),分布间隔均为40cm,各50根。4号钢筋伸出部分预制时紧贴侧模,安装时扳出,5号钢筋伸出部分在浇筑绞缝时扳平。图中除1号钢筋为HRB335钢筋(原Ⅱ级钢筋)外,其余钢筋均为HPB300钢筋(原Ⅰ级钢筋)。

图9-16为边板钢筋构造图,图9-17为其立体示意图,请读者结合立体图自己分析。

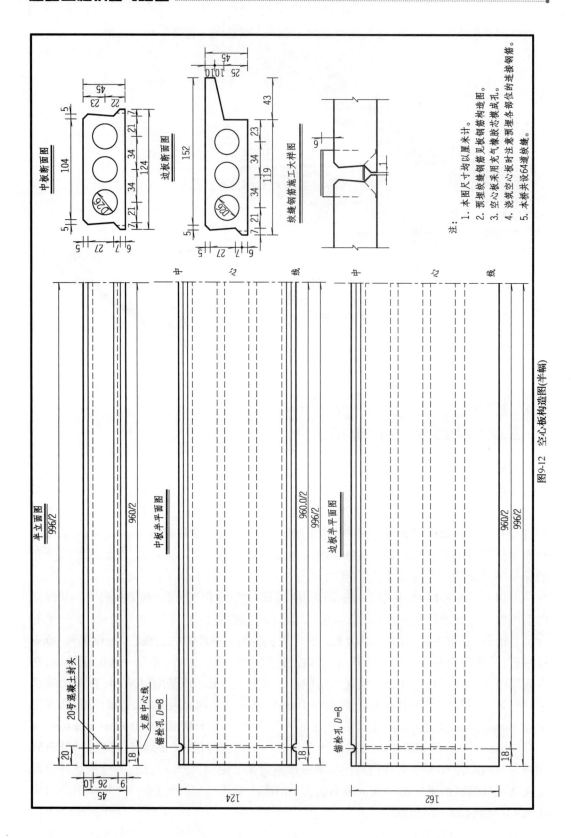

图9-12 空心板构造图(半幅)

项目九 识读桥梁工程图

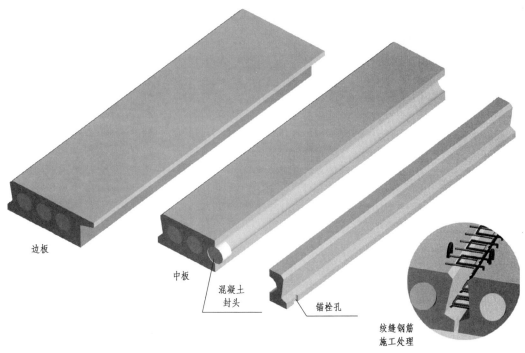

图 9-13 空心板立体示意图

三、桥面铺装钢筋构造图

1.桥面铺装钢筋构造图

图 9-18 为一孔桥面铺装钢筋构造图(图 9-20 为其立体示意图)。该图由立面图和平面图组成,立面图是垂直于桥梁中心线剖切得到的Ⅱ—Ⅱ断面图。由图可见桥面铺装层铺设在空心板之上,桥面铺装层由横向钢筋 1 和纵向钢筋 2 组成钢筋网,现浇 C30 混凝土 8cm,面层为沥青混凝土 7cm。1 号钢筋、2 号钢筋都是均匀分布的,其间距均为 10cm,均为 1 级钢筋。1 号钢筋长 1195cm,共 99 根;2 号钢筋长 992.0cm,共 119 根。由于面积较大,所以平面图采用了折断画法,立体示意图也采用了折断画法。图中 2×162+7×124+8×1=1200cm 表示 2 块 162cm 的边板和 7 块 124cm 的中板及 8 个 1cm 的铰缝共 1200cm,即整个桥面宽。

2.桥面连续构造图

图 9-19 为一孔桥面连续钢筋构造图,图 9-21 为其立体示意图,桥面连续钢筋构造图是指相邻两跨板与板之间端缝处的钢筋构造图,由立面图和平面图来表达。立面图为Ⅰ—Ⅰ断面图,是沿桥面中心线剖切得到的,平面图为Ⅱ—Ⅱ断面图。图中共有 3 种钢筋,1 号钢筋与 2 号钢筋相互垂直,2 号钢筋长 1195cm,其长度方向垂直于桥面中心线,在桥墩中心线两侧各 50cm 范围内均匀分布,每 5cm 布置一根,上下两层,共 38 根。3 号箍筋垂直于 2 号钢筋均匀分布在整个桥宽上,间距为 5cm,共 239 根。1 号钢筋平行于桥面中心线,每隔 15cm 一根,共 79 根,1 号钢筋长度为 258cm。1 号钢筋伸缩缝两侧 50cm 以内部分采用涂沥青玻璃丝裹紧的措施,做到钢筋不与混凝土黏结。

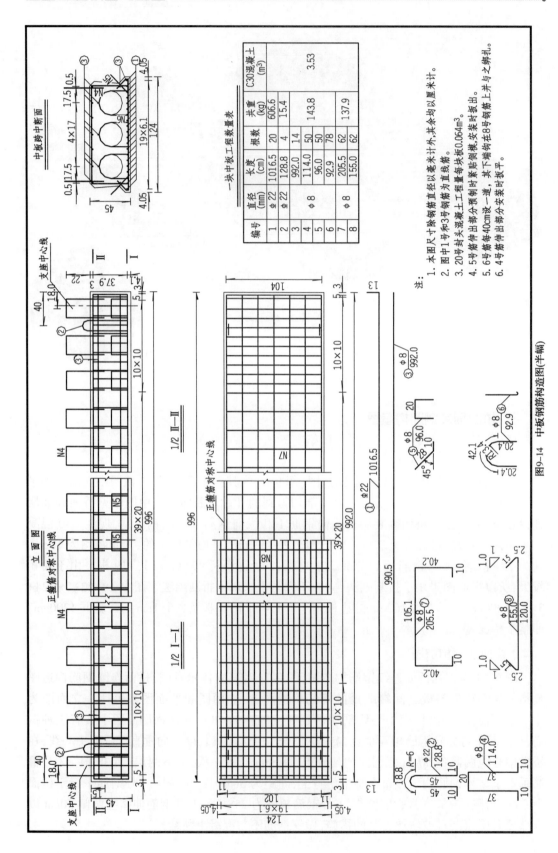

图9-14 中板钢筋构造图(半幅)

项目九 识读桥梁工程图

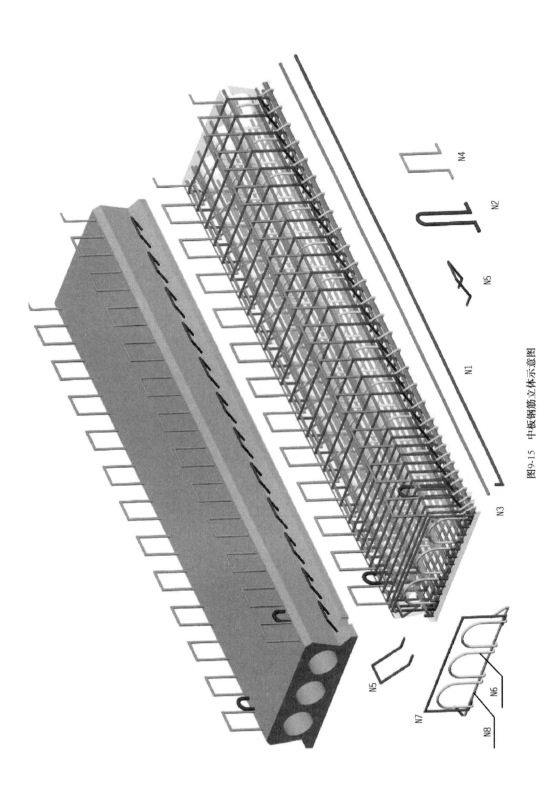

图9-15 中板钢筋立体示意图

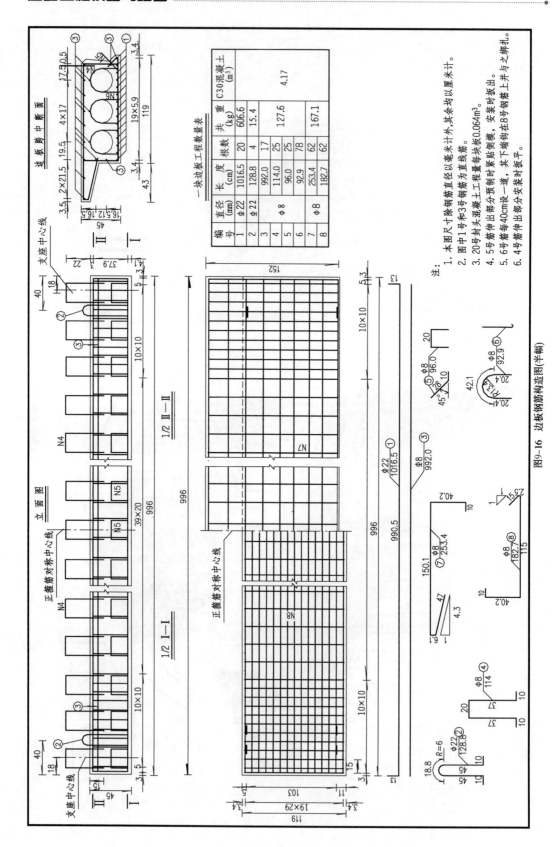

图9-16 边板钢筋构造图(半幅)

项目九 识读桥梁工程图

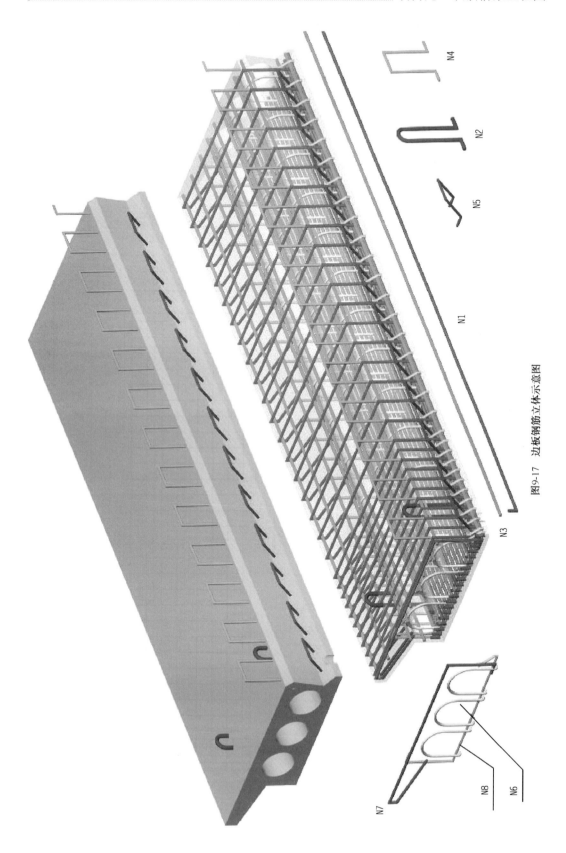

图9-17 边板钢筋立体示意图

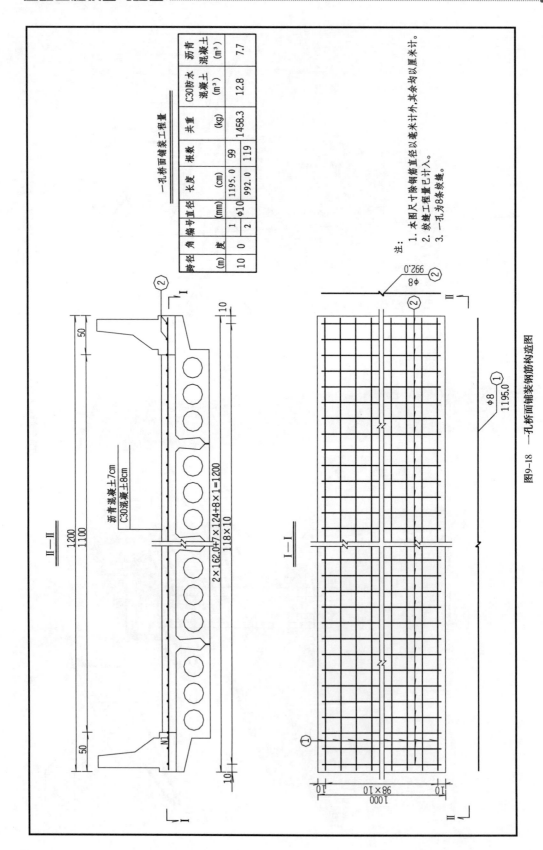

图9-18 一孔桥面铺装钢筋构造图

项目九 识读桥梁工程图

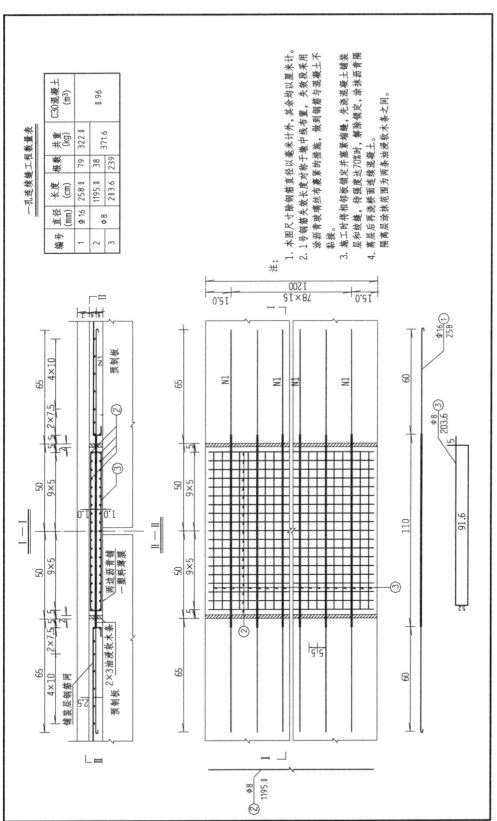

图9-19 桥面连续钢筋构造图

图 9-20　一孔桥面铺装钢筋立体示意图

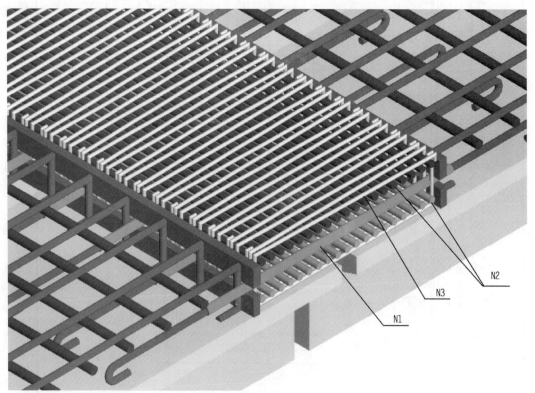

图 9-21　桥面连续钢筋立体示意图

任务四　识读墩台结构图

1.识读桥台一般构造图,并回答下列问题。
(1)该图的图示内容有哪些?Ⅰ—Ⅰ剖面图剖切平面通过什么位置?
(2)在侧面图上指出桥台的台前和台后。连接路堤的一面是台前还是台后?
(3)桥台桩基底面的高程为(　　)m,桩基高度为(　　)cm,桥台立柱顶面的高程为(　　)m。立柱高度为(　　)cm。
(4)在三面投影图中指出桥台盖梁、耳墙、背墙、牛腿、挡块的对应投影。
(5)桥台盖梁的长、宽、高分别为(　　)cm、(　　)cm、(　　)cm。

2.识读桥台盖梁钢筋构造图,并回答下列问题。
(1)该图图示内容有哪些?
(2)整个梁上共有(　　)种钢筋,钢筋骨架A由哪几种钢筋组成?全梁共有(　　)片钢筋骨架A,分析骨架A在盖梁断面中的布置情况。
(3)1号钢筋分布在梁的(　　)部,共(　　)根,1号钢筋的间距为(　　)cm。2号钢筋共(　　)根。
(4)每片钢筋骨架上有(　　)根3号钢筋和(　　)根4号钢筋。
(5)5号钢筋布置在梁的(　　)面,共(　　)根。
(6)箍筋间距为(　　)cm,图中箍筋为(　　)级钢筋。

3.识读桥墩一般构造图,并回答下列问题。
(1)该桥墩属于哪一类型的桥墩?
(2)在立面图上指出桥墩盖梁、桥墩立柱、系梁、桥墩桩基及防震挡块的投影。
(3)桥墩桩基顶面的高程为(　　)cm,立柱高度为(　　)cm,桩基高度为(　　)cm。
(4)立柱间的中心间距为(　　)cm。
(5)系梁的横截面尺寸为(　　)cm×(　　)cm。
(6)盖梁上支座中心线与桥墩中心线的距离为(　　)cm。

4.识读桥墩盖梁钢筋构造图,并回答下列问题。
(1)该图的图示内容有哪些?各断面图的剖切平面在什么位置,投影方向如何?
(2)整个梁上共有(　　)种钢筋,钢筋骨架A由哪几种钢筋组成?全梁共有骨架A(　　)片。分析骨架A在盖梁断面中的布置情况。
(3)1号钢筋分布在梁的(　　)部,共(　　)根。1号钢筋的间距为(　　)cm。2号钢筋共(　　)根。1号钢筋的长度为(　　)cm,2号钢筋的长度为(　　)cm。

(4)每片钢筋骨架上有(　　)根3号钢筋、(　　)根4号钢筋和(　　)根5号钢筋。

(5)5、6号钢筋为分布钢筋,分析其在盖梁前后侧面上的分布情况。

(6)8、9号钢筋是箍筋,从立面图中分析其分布情况,全梁共有9号钢筋(　　)根,分布在梁的什么位置。9号钢筋的尺寸随截面的变化而变化,9号钢筋的长度变化范围为(　　　　)。

5.识读桥墩立柱和桩基钢筋构造图,并回答下列问题。

(1)该图的图示内容有哪些,各断面图的剖切平面在什么位置,投影方向如何?

(2)桥墩立柱中有(　　)种钢筋,1号钢筋中心沿圆周分布,1号钢筋所在圆周的半径为(　　)cm;2号加强箍筋焊接成圆形,其钢筋中心处的半径为(　　)cm,一座桥墩共有2号钢筋(　　)根。1号钢筋焊接在2号加强箍筋的外侧还是内侧?

(3)3号螺旋箍筋高度为(　　)cm,总长(　　)cm,螺旋间距为(　　)cm。3号螺旋箍筋的螺旋半径为(　　)cm。

(4)桥墩桩基中有哪几种钢筋,4号钢筋中心沿圆周分布,4号钢筋的钢筋中心所在圆周的半径为(　　)cm;5号加强箍筋焊接成圆形,其钢筋中心处的半径为(　　)cm,全梁共有5号钢筋(　　)根。4号钢筋焊接在5号加强箍筋的外侧还是内侧?

(5)6号定位钢筋如何分布的?一根桩基中共有6号钢筋(　　)根。

一、认知墩台结构

桥台位于桥梁的两端,一方面支承主梁,另一方面承受桥头路堤的水平推力,并通过基础把荷载传给地基。而桥墩位于桥梁的中部,支承它两侧的主梁,并通过基础把荷载传给地基,如图9-22所示。

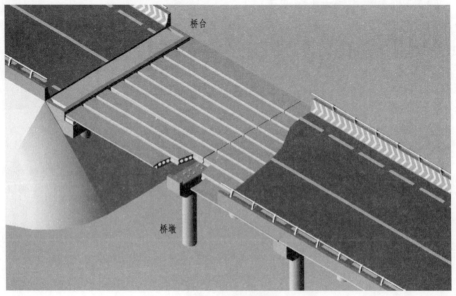

图9-22　墩台结构

1.常见的桥台形式

桥台的形式很多,图 9-23 为几种常见的桥台,图 9-23a)为重力式 U 形桥台(又称实体式桥台)、图 9-23b)为肋板式桥台、图 9-23c)为桩柱式桥台。

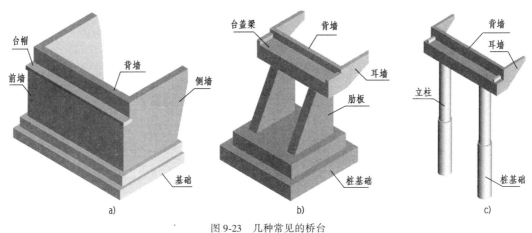

图 9-23 几种常见的桥台
a)重力式 U 形桥台;b)肋板式桥台;c)桩柱式桥台

2.常见的桥墩形式

桥墩的形式很多,图 9-24 为几种常见的桥墩,图 9-24a)为重力式桥墩、图 9-24b)为桩柱式桥墩。

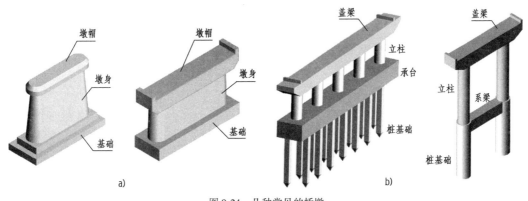

图 9-24 几种常见的桥墩
a)重力式桥墩;b)桩柱式桥墩

二、识读桥台工程图

图 9-5 所示桥梁的桥台为柱式桥台,图 9-25 为该桥的桥台与桥墩的立体示意图。桥台由盖梁、耳墙、背墙、立柱及桩基组成,桥台盖梁上安装有橡胶支座,空心板通过支座支撑在盖梁上,桥头搭板支撑在背墙后的牛腿上。

1.识读桥台一般构造图

图 9-26 是图 9-5 所示桥梁桥台的一般构造图,图 9-27 是其立体示意图。该图由立面图、平面图和侧面图表示。该桥台由盖梁、耳墙、防震挡块、背墙、牛腿、立柱及桩基组成。

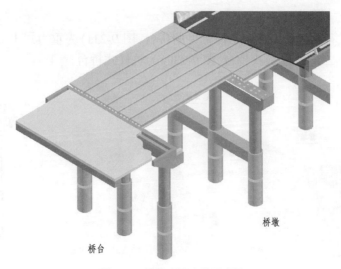

图 9-25 桥墩、桥台立体示意图

立面图和侧面图反映桥台的形状和位置特征,读图是要把重点放到立面图和侧面图上,平面图中虚线太多,读图时可作为参考。

立面图是由 1/2 台前和 1/2 台后拼结而成。台前是指连接桥梁上部结构的一面,台后是指连接岸上路堤这一面。立面图和侧面图表达了桥台各部分的结构形状,给出了各部分的详细尺寸,并对不同位置桥台的高度尺寸列表给出。

侧面投影采用了Ⅰ—Ⅰ剖面图,剖切平面通过桥梁中心线,即通过中间桩柱的轴线。根据习惯画法,桩柱按不剖处理,不画剖面线。

请参照立体示意图仔细分析桥台一般构造图。

2.识读桥台钢筋构造图

(1)识读桥台盖梁钢筋构造图。

图 9-28 为桥台盖梁钢筋构造图(图 9-29 为其立体示意图)。该图由半立面、半平面、Ⅰ—Ⅰ断面图、Ⅱ—Ⅱ断面图、Ⅲ—Ⅲ断面图及钢筋详图组成。从细实线的轮廓线可看出盖梁的各个方向的形状。全梁共有 6 种钢筋,1、2、3、4 号钢筋为受力钢筋,直径均为 25mm。由 1、2、3、4 号钢筋焊接成钢筋骨架 A,骨架 A 沿盖梁纵向分布。全梁共有 4 片骨架 A,骨架 A 在断面上的位置,可从断面图中分析。1 号钢筋有 8 根,分布在梁的顶面;2 号钢筋有 8 根,分布在梁的底部;3、4 号钢筋为骨架 A 中的斜筋,用来承受横向剪力。每片骨架中有 2 根 4 号钢筋,全梁共 8 根;每片骨架中有 8 根 3 号钢筋,全梁共 32 根。5 号钢筋为分布钢筋,钢筋直径为 10mm,共 8 根,布置在梁的两侧面。6 号钢筋是箍筋,钢筋直径为 10mm,以 10cm 的间距均分布在整个梁上,共 2×(59+1)道 240 根。除 5、6 号钢筋是 HPB300 钢筋(原Ⅰ级钢筋)外,其余都是 HRB335 钢筋(原Ⅱ级钢筋)。

为了图面清晰,立体示意图中省略了中间部分的箍筋。

(2)桥台立柱和桩基钢筋构造图及桥台挡块钢筋构造图。

桥台立柱和桩基钢筋构造图与桥墩立柱和桩基钢筋构造图相同,桥台挡块钢筋构造图与桥墩挡块钢筋构造图相同,在桥墩部分再介绍。

(3)背墙牛腿钢筋构造图、耳墙钢筋构造图比较复杂,这里从略。

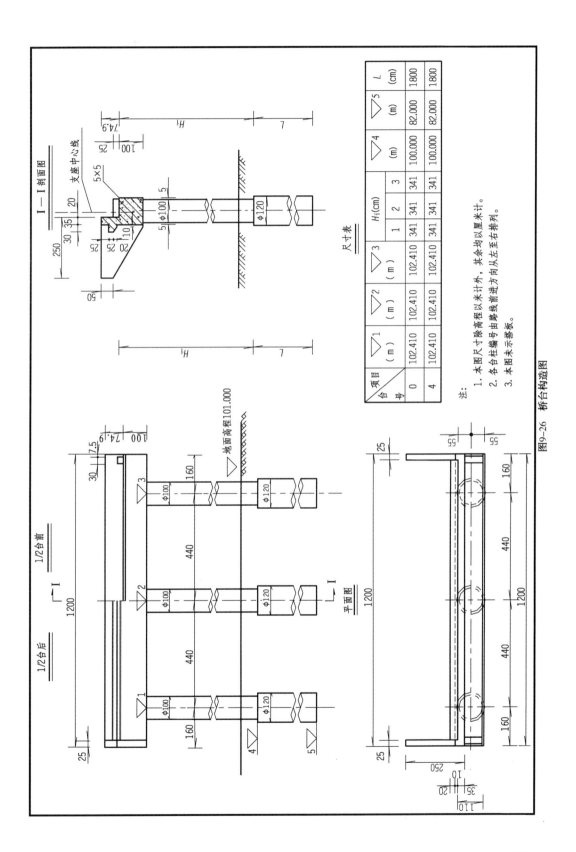

图9-26 桥台构造图

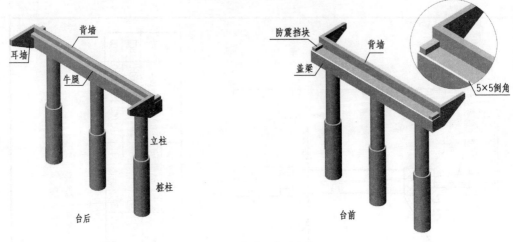

图 9-27 桥台立体示意图

三、识读桥墩工程图

图 9-5 所示桥梁的桥墩为桩柱式桥墩。桥墩工程图由一般构造图和钢筋构造图两部分组成。

1.识读桥墩一般构造图

图 9-30 为图 9-5 所示桥梁的桥墩一般构造图。该桥墩为钻孔灌注桩三柱式桥墩,由盖梁、立柱、系梁、桩基础等几部分组成。用立面图、平面图和侧面图来表达桥墩各部分的形状和尺寸。

立面图和侧面图反映桥墩的形状和位置特征,读图时要把重点放到立面图和侧面图上;平面图中虚线太多,读图时可作为参考。

由立面图结合侧面图,可以看出盖梁形状和尺寸。由立面图可看出,盖梁全长 1185cm,高度为 120cm,盖梁两端有断面尺寸为 30cm×25cm 的防震挡块。从侧面投影上可看出盖梁宽度为 120cm。可见盖梁上支座中心线距桥墩中心线 20cm,盖梁前后两侧的倒角尺寸为 5cm×5cm。

由立面图可看出,3 根直径 100cm、高 221cm(341-120)、中心间距 440cm 的立柱支撑盖梁。立柱下是直径为 120cm 的 3 根钢筋混凝土灌注桩,其长度为 2000cm。在 3 根混凝土灌注桩之间浇筑有系梁,系梁与桩基相贯,用以加强桩基的整体性。另外立面图上还注出了各桩基底面、顶面、立柱顶面的高程。由立面图可看出盖梁、立柱、系梁、桩基在左右、上下方向的位置关系。由侧面投影上可看出系梁的断面尺寸为 100cm×100cm,以及盖梁、立柱、系梁、桩基在前后方向的位置关系。

为节省图纸空间及图面美观,桥墩立柱及桩基的立面图和侧面图都采用了折断的画法。

2.识读桥墩钢筋构造图

(1)识读桥墩盖梁钢筋构造图。

图 9-31 为桥墩盖梁钢筋构造图(图 9-32 为其立体示意图)。该图由半立面、半平面、Ⅰ—Ⅰ断面图、Ⅱ—Ⅱ断面图、Ⅲ—Ⅲ断面图及钢筋详图组成。从表示外部轮廓的细实

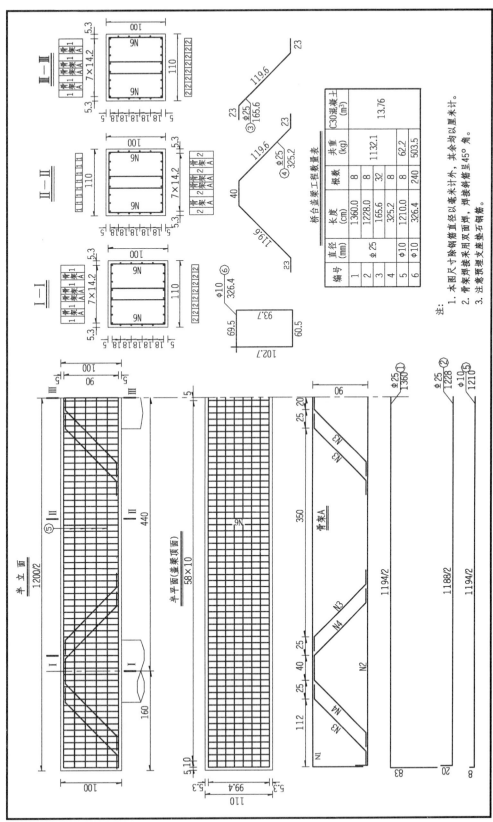

图9-28 桥台盖梁钢筋构造图(半幅)

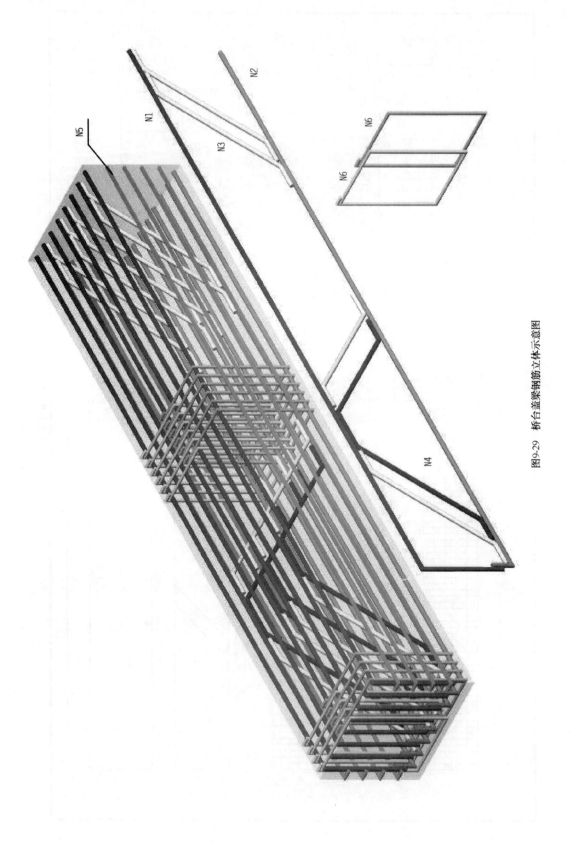

图9-29 桥台盖梁钢筋立体示意图

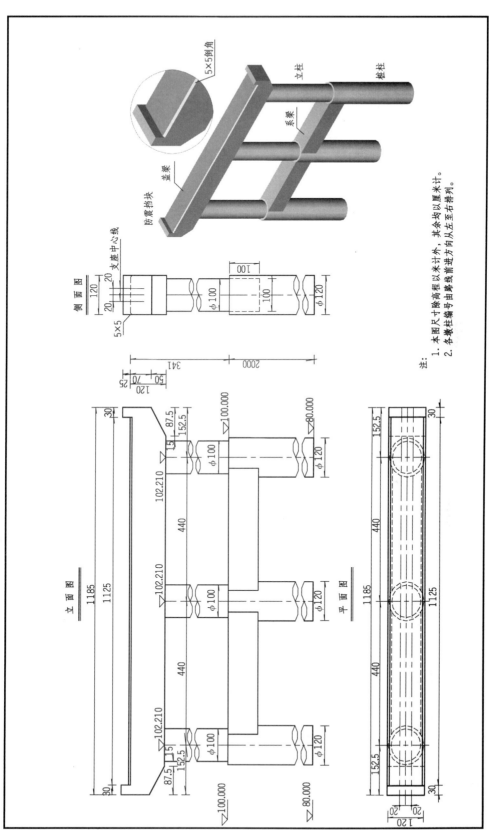

图9-30 桥墩一般构造图

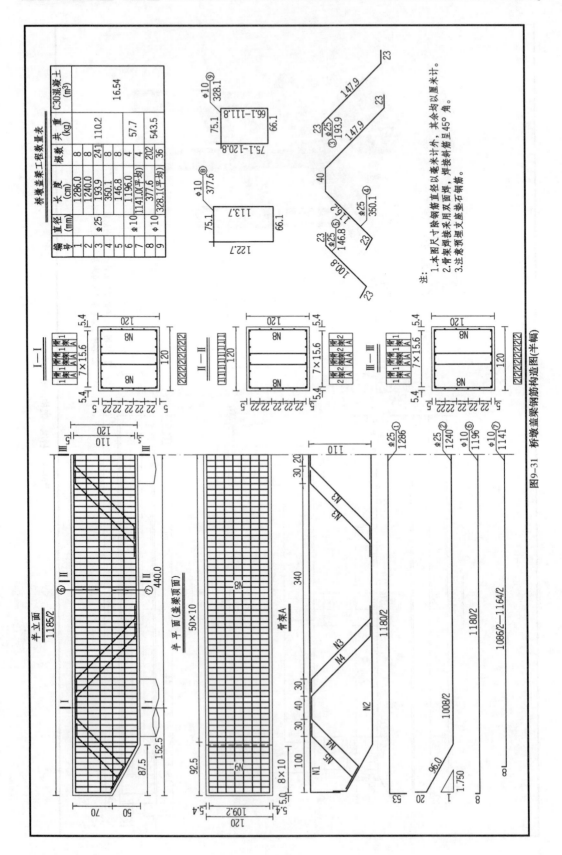

图9-31 桥墩盖梁钢筋构造图(半幅)

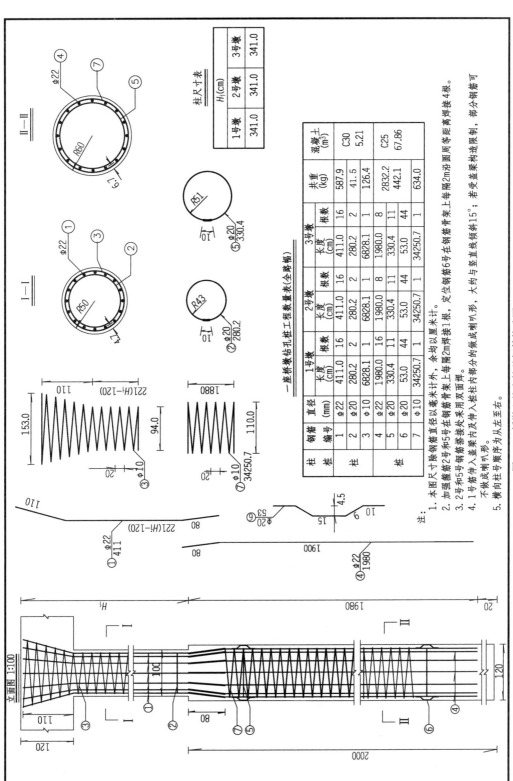

图9-32 桥墩立柱和桩基钢筋构造图

线可看出盖梁的形状。全梁共有 9 种钢筋，1、2、3、4、5 号钢筋为受力钢筋，直径均为 25mm。由 1、2、3、4、5 号钢筋焊接成钢筋骨架 A，骨架 A 沿盖梁纵向分布。全梁共有 4 片骨架，骨架在断面上的位置，可从断面图中分析。1 号钢筋有 8 根，分布在梁的顶面；2 号钢筋有 8 根，分布在梁的底部；3、4、5 号钢筋为骨架 A 中的斜筋，用来承受横向剪力。每片骨架中有 6 根 3 号钢筋，全梁共 24 根；每片骨架中有 2 根 4 号钢筋，全梁共 8 根；每片骨架中有 2 根 5 号钢筋，全梁共 8 根。6、7 号钢筋各 4 根，为分布钢筋，直径为 10mm，布置在梁的两侧面，只是 7 号钢筋的长度随截面的变化而变化。8、9 号钢筋是箍筋，直径为 10mm，以 10cm 的间距均匀分布在整个梁上，8 号钢筋分布在梁的中段，共 2×50+1 道 202 根，9 号箍筋分布在梁的两端，共 (8+1)×2 道 36 根。9 号钢筋的长度也随截面的变化而变化。除 8、9 号箍筋是 HPB300 钢筋（原Ⅰ级钢筋）外，其余都是 HRB335 钢筋（原Ⅱ级钢筋）。

为了图面清晰，立体示意图中省略了中间部分的箍筋。

（2）桥墩立柱和桩基钢筋构造图。

图 9-33 为桥墩立柱和桩基钢筋构造图（图 9-34 为其立体示意图）。该图由立面图、Ⅰ—Ⅰ断面图、Ⅱ—Ⅱ断面图表示，并绘有钢筋详图、钢筋数量表及注解。读图时一定要仔细阅读每一种信息。

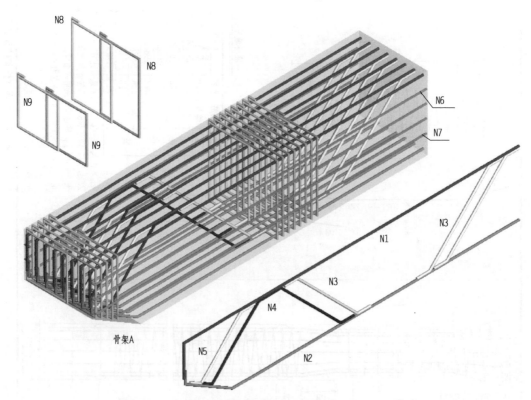

图 9-33 桥墩盖梁钢筋立体示意图

图中共有 7 种钢筋。1、2、3 号钢筋为立柱钢筋。1 号钢筋为立柱的主筋，1 号钢筋伸入盖梁内的部分做成喇叭形，大约与直线倾斜 15°，伸入桩基内的部分也做成微喇叭形。从Ⅰ—Ⅰ断面图中可以看出，1 号钢筋沿圆周均匀分布，钢筋中心位置的圆周半径为

(50-4.7)=45.3cm。从钢筋数量表中可知,一根桩基中共有 16 根 1 号钢筋。2 号加强箍筋焊接成圆形,其钢筋中心处的半径为 43cm,在钢筋骨架上每隔 2m 焊接一根,一根墩柱中共 2 根。3 号钢筋为立柱的螺旋箍筋,只有 1 根,分布在整个立柱上;该螺旋箍筋在下部 221cm 的范围内为柱形螺旋,在上部 119cm 范围内(伸入盖梁部分)为锥形螺旋,螺旋间距为 20cm。3 号螺旋筋总长为 6828.1cm。

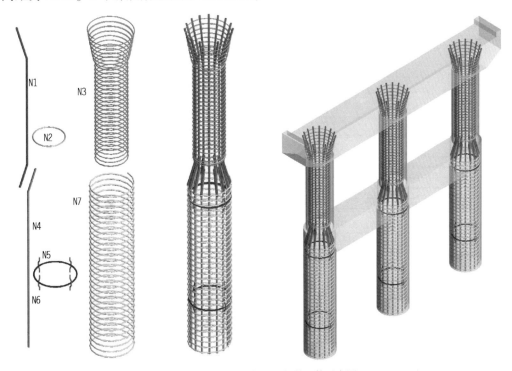

图 9-34 桥墩立柱和桩基钢筋立体示意图

4、5、6、7 号钢筋为桩基钢筋。4 号钢筋为桩基的主筋,上部与 1 号钢筋搭接部分向内倾斜,以便与 1 号钢筋焊接。从 Ⅱ—Ⅱ 断面图中可以看出,4 号钢筋也是沿圆周均匀分布,钢筋中心位置的圆周半径为(60-6.7)=53.3cm。从钢筋数量表中可知,一根桩基中共有 16 根 4 号钢筋。5 号加强箍筋焊接成圆形,其钢筋中心处的半径为 51cm,在钢筋骨架上每隔 2m 焊接一根,全柱共 11 根。7 号钢筋为螺旋箍筋,只有 1 根,分布在整个桩基上,螺旋间距为 20cm。7 号钢筋螺旋高度为 1880cm,总长为 34250.7cm。6 号定位钢筋在钢筋骨架上每隔 2m 沿圆周等距离焊接 4 根,一根桩基中共 44 根;从立面图中可见在桩基底部有 20cm 混凝土保护层。

图 9-33 为桥墩盖梁钢筋立体示意图,图 9-34 为桥墩立柱和桩基钢筋立体示意图

(3)识读系梁钢筋构造图。

图 9-35 为系梁钢筋构造图,由半立面图、Ⅰ—Ⅰ 断面图、Ⅱ—Ⅱ 断面图及钢筋详图来表示,图 9-36 为其立体示意图。详细情况请自行分析。

(4)桥墩挡块钢筋构造图。

图 9-37 是桥墩挡块钢筋构造图,由立面图、平面图及钢筋详图来表示。详细情况请自行分析。

图 9-38 是整个桥墩上的钢筋情况。

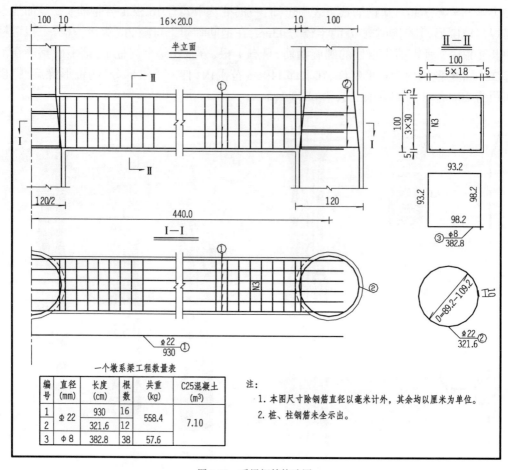

图 9-35 系梁钢筋构造图

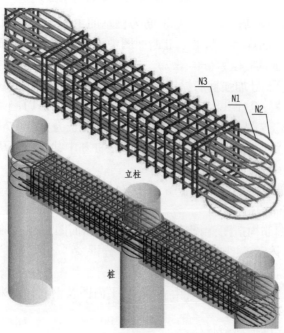

图 9-36 系梁钢筋立体示意图

项目九　识读桥梁工程图

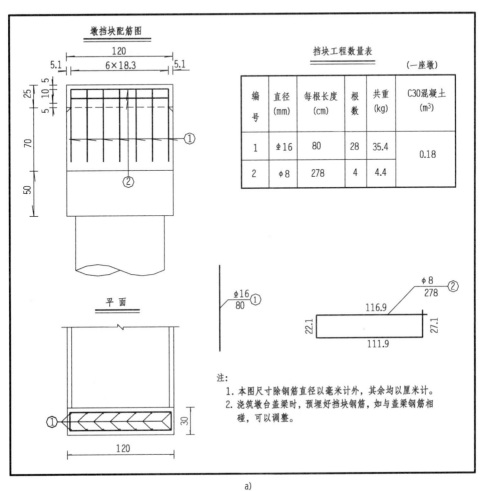

a)

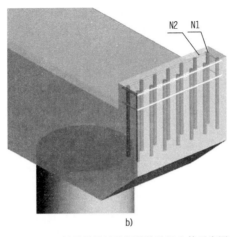

b)

图 9-37　桥墩盖梁挡块钢筋构造及立体示意图
a) 构造图; b) 立体示意图

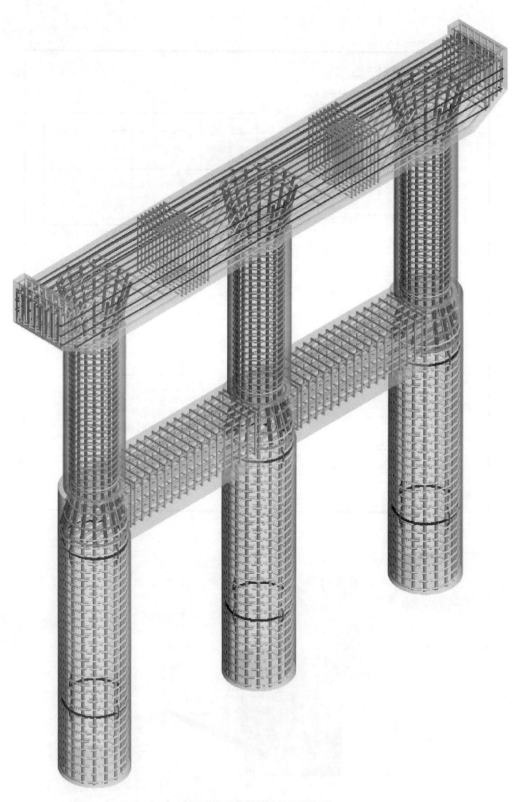

图 9-38 整个桥墩上的钢筋情况

项目十　识读涵洞工程图

项目描述

　　涵洞是用于宣泄路堤下水流的工程建筑物,是狭而长的建筑物。它从路面下方横穿过道路,埋置于路基土层中,涵洞与桥梁的作用基本相同。

　　本项目以山西省绛县某道路上的涵洞为例,以识读该道路上的盖板涵、圆管涵、石拱涵、箱涵的一般构造图为任务,掌握识读涵洞工程图的方法,形成识读各种涵洞工程图的能力。

任务一　识读钢筋混凝土盖板涵工程图

任务描述

　　识读图10-4所示钢筋混凝土盖板涵工程图,回答提出的问题。
　　(1)按洞顶有无覆盖土,涵洞可分为哪几类?按构造形式涵洞可分为哪几类?
　　(2)涵洞由哪几部分组成?涵洞洞身有哪几种形式?涵洞洞口有哪几种形式?
　　(3)涵洞工程图以(　　)方向为纵向。涵洞的纵向剖切平面通过涵洞的(　　)线。
　　(4)该涵洞的洞口形式是哪一种?
　　(5)从侧面图中的虚线可知,八字墙墙身部分被埋置在土里,埋置深度为(　　)cm。
　　(6)道路路基宽度为(　　)cm。涵洞净跨径为(　　)cm,净高为(　　)cm。
　　(7)道路中心线的设计高程为(　　)m,路基边缘的设计高程为(　　)m。
　　(8)涵台台帽长度为(　　)cm,材料为(　　)。
　　(9)洞底铺砌的厚度为(　　)cm,材料为(　　)。洞口铺砌的平面形状为(　　)形。
　　(10)八字墙基础厚度为(　　)cm,材料为(　　)。八字墙基础的平面形状为(　　)形。
　　(11)在三面投影图中用不同颜色的铅笔描出八字墙的墙身、洞口铺砌的投影。

一、认知涵洞分类与组成

1. 涵洞简介

涵洞与桥梁的作用基本相同,主要区别在于跨径的大小和填土高度。根据《公路工程技术标准》中的规定,凡是单孔跨径小于5m,多孔跨径总长小于8m,以及圆管涵、箱涵,不论其管径或跨径大小,孔数多少均称为涵洞。涵洞顶上一般都有较厚的填土(洞顶填土大于50cm)。涵洞在道路工程中应用广泛,结构形式比较灵活。图10-1为某道路上的箱型涵洞。

图10-1 某道路上的箱型涵洞

2. 涵洞的分类

(1)按建筑材料分类。涵洞按建筑材料分类有钢筋混凝土涵、混凝土涵、砖涵、石涵、木涵、金属涵等。

(2)按构造形式分类。涵洞按构造形式分为圆管涵、拱涵、箱涵、盖板涵等,工程上多用此类分法。

(3)按孔数分类。涵洞按孔数分为单孔、双孔、多孔等。

(4)按洞顶有无覆盖土分类。涵洞可分为明涵和暗涵(洞顶填土大于50cm)等。

3. 涵洞的组成

涵洞是由洞口、洞身(涵身)和基础三部分组成的排水构筑物。如图10-2所示为钢筋混凝土盖板涵立体图,从中可以了解涵洞各部分的名称、位置和构造。

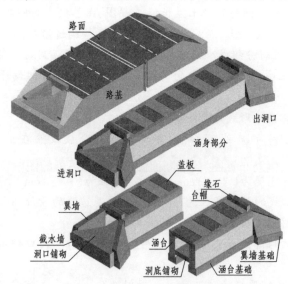

图10-2 涵洞立体图

洞身是涵洞的主要部分,它的主要作用是承受活载压力和土压力等,将其传递给地基,并保证设计流量通过的必要孔径。常见的洞身形式有圆管洞身、拱形洞身、箱形洞身、盖板洞身。

洞口由端墙、翼墙或护坡、截水墙和缘石等部分组成,它是保证涵洞基础和两侧路基免受冲刷、使水流顺畅的构造。常见的洞口形式有端墙式、八字式、走廊式、平头式(领圈式),如图 10-3 所示。

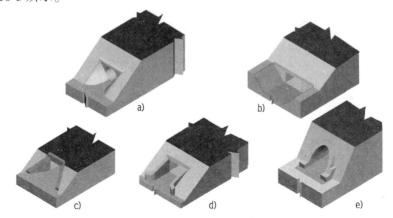

图 10-3 涵洞洞口的形式
a)、b)端墙式;c)八字式;d)走廊式;e)领圈式

二、分析涵洞工程图的图示内容与特点

涵洞工程图主要由立面图(纵剖面图)、平面图、侧面图和必要的构造详图(如涵身断面图、钢筋布置图、翼墙断面图)、工程数量表、注释等组成。图 10-4 为图 10-2 所示钢筋混凝土盖板涵洞构造图,图 10-5 为其立体示意图。

(1)立面图。涵洞工程图以水流方向为纵向(即与路线前进方向垂直布置),并以纵剖面图代替立面图,剖切平面通过涵洞轴线。如图 10-4 中的立面图是通过盖板涵轴线的纵向剖面图,剖切位置如图 10-5 所示。

(2)平面图。平面图一般不考虑涵洞上方的铺装或覆土,或把涵面铺装或土层看成是透明的。如图 10-4 中的平面图中把涵面铺装看成是透明的。圆管涵在平面图上一般不画出涵身基础的投影,而在立面图和断面图中表达。

(3)侧面图。侧面图主要表达洞口正面布置情况,当进、出水洞口形状不一样时,则需分别画出其进出水洞口布置图。

(4)涵身断面图、钢筋布置图、翼墙断面图等可能在另外的图中表达。

三、了解识读涵洞工程图的方法(与识读桥梁总体布置图的方法相同)

首先要了解涵洞采用了哪些基本的表达方法,采用了哪些特殊的表达方法,各剖面图、断面图的剖切位置和投影方向,各投影图的主要作用。然后以立面图为主,结合其他投影图了解涵洞的组成及相对位置。

其次根据涵洞各组成部分的构造特点,可把它沿长度方向分为进、出洞口及洞身三部分,如图 10-2 所示。而每一部分沿宽度或高度方向又可以分为不同的部分。

最后在分析的基础上,对照涵洞的各投影图、剖面图、断面图、大样图等全面综合,明确各组成部分之间的关系,考虑涵洞图的特点,想象出整体。

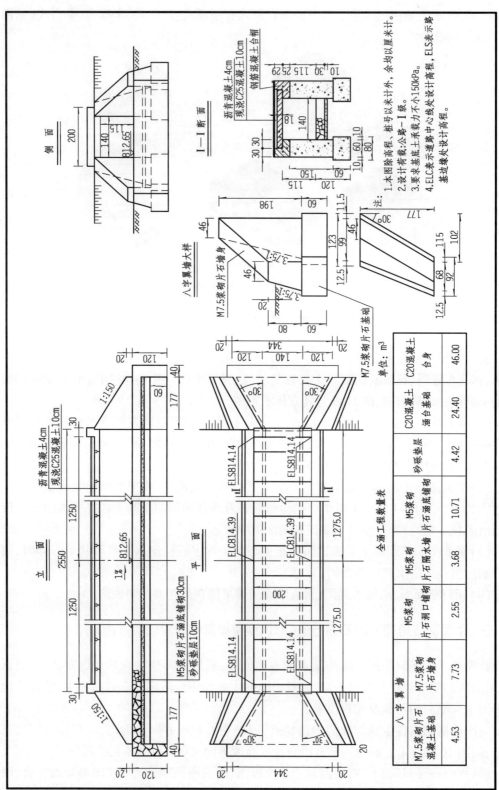

图10-4 钢筋混凝土盖板涵的一般构造图

在读图过程中要结合材料表和注释认真阅读。

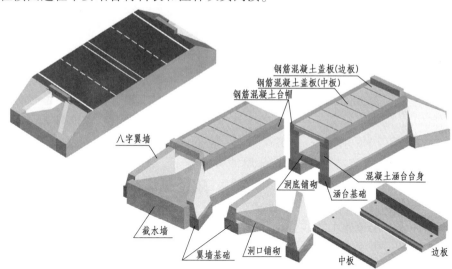

图 10-5　钢筋混凝土盖板涵的立体示意图

四、识读钢筋混凝土盖板涵施工图

钢筋混凝土盖板涵工程图主要有盖板涵一般构造图及构件一般构造图和构件钢筋结构图等。下面只分析盖板涵的一般构造图。

如图 10-4 所示为钢筋混凝土盖板涵的一般构造图。由立面图（纵向剖面图）、平面图和侧面图（洞口正立面图）、翼墙大样图、Ⅰ—Ⅰ断面图等来表示。立面图采用了剖面图，由于涵洞较长，采用了折断的画法。由立面图可知洞顶无填土，为明涵。平面图表示出涵洞的洞身、洞口的平面形状及有关尺寸。侧面图反映出洞口的立面形状及有关尺寸；八字翼墙大样图主要表明八字翼墙的形状及各部分的尺寸；为表示洞身、基础的形状、详细尺寸及材料，在洞身的Ⅰ—Ⅰ位置进行了剖切，画出Ⅰ—Ⅰ断面图。由Ⅰ—Ⅰ断面图可看出盖板、涵台台帽、涵台台身、涵台基础的形状与材料。

由立面图和平面图可将该钢筋混凝土盖板涵沿长度分为进洞口、出洞口及洞身三大部分，其中进、出洞口的结构完全相同，我们只需分析其中之一；由立面图中的坡度符号的方向可知左侧为进洞口，右侧为出洞口。

综合立面图、平面图、侧面图及八字翼墙大样图可以看出洞口的结构形状及尺寸，进、出洞口采用了八字翼墙式洞口，翼墙由 M7.5 浆砌片石筑成；八字翼墙内侧面为铅垂面，与涵洞轴线的夹角为 30°，顶面的纵向坡度为 1∶1.5，外侧面是坡度为 3.75∶1 的一般位置平面。墙下有 M7.5 浆砌片石筑成的翼墙基础；翼墙基础高度为 60cm，长度方向与墙身平齐，宽度方向比墙身比较，外侧超出 12.5cm，内侧超出 11.5cm。由侧面图中的虚线可知，墙身基础及部分墙身被埋置在土里，从大样图中可以看出墙身的埋置深度为 (80−20) cm=60cm。八字翼墙之间是梯形的洞口铺砌，其中下部是 10cm 厚的砂砾垫层，上部是 30cm 厚的 M5 浆砌片石铺砌。在八字墙和洞口铺砌端部是长方体的截水墙，材料为 M5 浆砌片石。如图 10-5 所示为该钢筋混凝土盖板涵的立体示意图，读者可以对照构造图和立体图详细阅读。

由立面图可以看出洞身部分长为 2550cm(路基宽度为 2550cm),涵底道路中心线处的高程为 812.65m,由侧面图(洞口正立面图)可知涵洞净跨径为 140cm,净高为 115cm。由Ⅰ—Ⅰ断面图可以看出涵台基础、涵洞台身、台帽的形状及上下关系。通过分析立面图及Ⅰ—Ⅰ断面图可以看出涵台基础为长 2550cm、宽 80cm、高 60cm 的由 C20 混凝土筑成的长方体。由立面图可知涵台基础底面与翼墙基础底面平齐,高度也与翼墙基础相同。涵台台身为长 2550cm、宽 60cm、高 150cm 的 C20 混凝土长方体。台帽是截面为"L"形,长为 2550cm 的钢筋混凝土柱体。若干块 18cm 厚钢筋混凝土盖板排列支承在两台帽之上,两端的盖板(边板)和缘石浇筑在一起。钢筋混凝土盖板之上是涵面铺装,从下到上分别是现浇 10cm 厚 C25 混凝土、4cm 厚沥青混凝土。在平面图中为了清楚地表达盖板的情况,把涵面铺装当成透明的处理。洞底铺砌下部是 10cm 厚的砂砾垫层,上部是 30cm 厚的 M5 浆砌片石,与洞口铺砌平齐。

平面图还表示出道路中心线设计高程为 814.39m 路基地缘设计高程为 814.14m。

涵洞工程数量表中未列出台帽及盖板数量,台帽及盖板数量在构件构造图中表示,本书省略了构件构造图。

任务二　识读钢筋混凝土圆管涵一般构造图

任务描述

识读钢筋混凝土圆管涵一般构造图,回答提出的问题。
(1)该涵洞的洞口形式是哪一种?
(2)从侧面图中可知,端墙长度为(　　)cm,厚度为(　　)cm。
(3)道路路基宽度为(　　)cm。圆管直径为(　　)cm,圆管壁厚为(　　)cm。
(4)路基边坡的坡度为(　　)。
(5)洞口铺砌的厚度为(　　)cm,材料为(　　),洞口铺砌的平面形状为(　　)形;洞身端部洞底砂砾垫层厚(　　)cm,混凝土管基厚(　　)cm,洞身中部洞底水稳砂砾垫层厚(　　)cm,混凝土管基厚(　　)cm。
(6)洞顶填土高度为(　　)cm。涵洞中心线处路基边缘的设计高程为(　　)m。
(7)在三面投影图中用不同颜色的铅笔描出圆管、缘石、端墙基础的投影。

钢筋混凝土圆管涵工程图主要有圆管涵一般构造图、圆管涵管节钢筋构造图、管节接头及沉降缝构造图等。下面只分析圆管涵的一般构造图。

图 10-6 所示为钢筋混凝土圆管涵的一般构造图,图中采用了立面图(Ⅰ—Ⅰ剖面图)、平面图、侧面图(洞口正立面图)、涵身断面大样图、Ⅱ—Ⅱ断面图及工程数量表来表达。图 10-7 为其立体示意图。立面图采用沿涵管中心线的剖切形式,图中表示出涵洞各部分的相对位

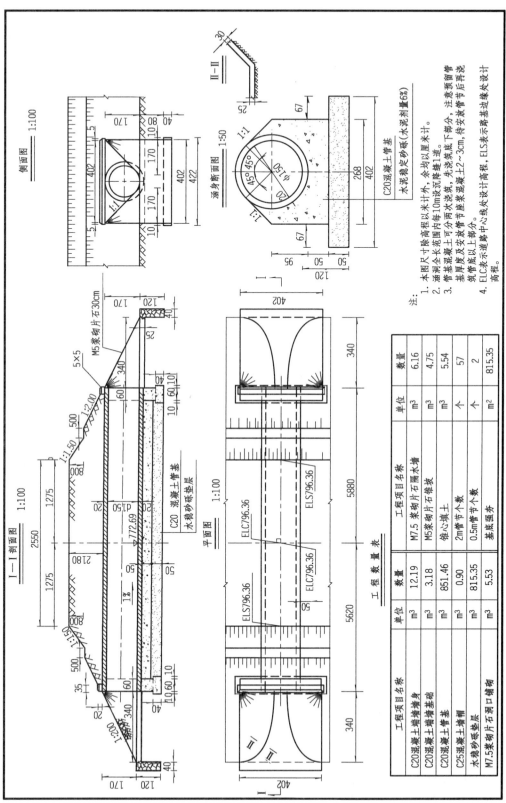

图10-6 钢筋混凝土圆管涵的一般构造图

置和构造形状;平面图表达了圆管洞身、洞口铺砌、锥形护坡、缘石、端墙、端墙基础的平面形状及它们之间的相对位置。在平面图中将涵顶覆土看作透明体,用示坡线表示路基边坡。在平面图中标出涵洞中心线处道路中心线的设计高程为796.36m,路基边缘设计高程为796.36m。侧面图采用洞口正立面图来表示,主要表示洞口缘石和锥形护坡的侧面形状及尺寸;涵身断面大样图采用了较大的比例,图中表示出了涵身基础、砂砾垫层的详细尺寸,并把各部分的材料于图中表示出来。

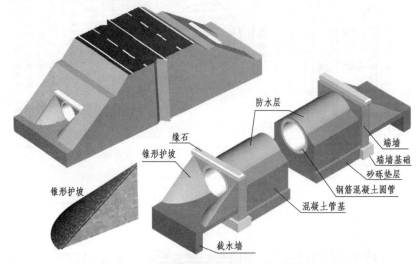

图 10-7 钢筋混凝土圆管涵的立体示意图

综合立面图、平面图、侧面图可以看出进洞口、出洞口均采用了端墙式洞口,由端墙、端墙基础、缘石(墙帽)、护坡、洞口铺砌及截水墙组成。锥形护坡锥底椭圆长轴半径为340cm,短轴半径为170cm,护坡高度为170cm。锥形护坡纵向坡度为1:2,与路基下面部分的坡度一致,横向坡度为1:1。由侧面图中的虚线可知截水墙全部被埋置在土中。端墙高(170+80)cm=250cm,长402cm,厚60cm。端墙基础的长度为422cm,高度为40cm,厚度为(60+10×2)cm=80cm。缘石(墙帽)形状为长412cm、厚35cm、高20cm的长方体,缘石上部洞口方向上侧的棱被斜截面截切,形成5cm×5cm的倒角。从工程数量表中可以看出护坡表层是30cm厚的M5浆砌片石,护坡锥心是填土;洞口铺砌及截水墙都是M7.5浆砌片石砌成;端墙及端墙基础均为C20混凝土浇筑而成;缘石(墙帽)由C25混凝土浇筑而成。

分析涵身部分可知,涵管管径为150cm,管壁厚20cm,涵管长为(5620+5880)cm=11500cm;两管之间的中心距为240cm。洞底水稳砂砾垫层厚50cm,混凝土管基厚50cm;设计流水坡度1%。综合分析涵身断面大样图、工程数量表及注释可以确定涵身的断面形状、详细尺寸、材料及施工注意事项。

由立面图可以看出路基宽度为2550cm,洞顶填土厚度为2180cm。由于路基太高使得圆管长度及洞顶填土高度远远大于圆管管径,所以图中的管长及洞顶填土部分的尺寸没有按比例画出。路基边坡分为两段,上面部分坡度为1:1.5,下面部分坡度为1:2,在两坡面之间有500cm宽的平台,该平台与路面的高差为800cm。

工程数量表中所列基底强夯815.35m^2,表示修筑前对地基采用强夯处理,处理面积为815.35m^2。

任务三　识读石拱涵的一般构造图

识读石拱涵一般构造图,回答提出的问题。
(1)该涵洞的洞口形式是哪一种?
(2)道路路基宽度为(　　)cm。
(3)洞口铺砌的厚度为(　　)cm,材料为(　　),洞口铺砌的平面形状为(　　)形;洞底铺砌厚(　　)cm,砂砾垫层厚(　　)cm。
(4)路基边坡的坡度为(　　)。
(5)在三面投影图中用不同颜色的铅笔描出端墙、缘石、主拱圈的投影。

图10-8所示为石拱涵的一般构造图,该图采用半纵剖面图、半平面图、侧面图来共同表达。

半纵剖面图主要是表达涵洞的内部构造,而进水洞口和出水洞口的构造和形式相同,整个涵洞是左右对称的,所以用半纵剖面图来代替立面图。半纵剖面图是沿涵洞的中心线位置纵向剖切的,凡是剖到的各部分如截水墙、涵底、拱顶、缘石、路基等都应按剖开绘制,并画出相应的材料图例,另外也画出了能看到的各部分的投影如锥坡、端墙、涵台、基础等。

侧面图是由半个剖面图和半个投影图合成。左半部为洞口部分的外形投影,主要反映洞口的正面形状和锥坡、端墙、缘石、基础等的相对位置;右半部分为涵身横断面图,主要表达涵身的断面形状。

半平面图上虚线较多,读图时要重点分析立面图、侧面图。

进、出洞口采用了相同的结构形式。护坡、截水墙、洞口铺砌、缘石等的结构与上例中的洞口基本相同,这里就不再分析了。在正面投影中可以看出端墙的断面为梯形,端墙被涵台、主拱圈贯穿,端墙没有被剖切平面剖切到,且被拱圈遮挡,所以背面是用虚线画出的,坡度为3∶1。

由A—A断面图可以分析清楚涵身各组成部分(主拱、护拱、涵台、涵台基础、防水层、洞底铺砌与砂砾垫层)的横断面形状、尺寸及各构件的相互位置关系。它们都是不同形状的柱体。主拱、洞底铺砌与砂砾垫层的长度相同,均为$(2746-2\times20)$cm$=2706$cm。而涵台在施工时与端墙砌在一起,全长也是2706cm。涵台基础与端墙基础连成一体,长度为2746cm。护拱只在两端墙背面之间砌筑,在护拱之上有15cm厚的石灰三合土防水层。洞底的纵向坡度为1%,洞顶的纵向坡度为2%,由坡度符号的方向可以看出右侧为进洞口。

各部分的材料在投影图及注释中均已说明,请读者自己分析。

图10-9所示为石拱涵立体示意图及立体分解图,读者可参照立体图仔细分析每一部分的形状。

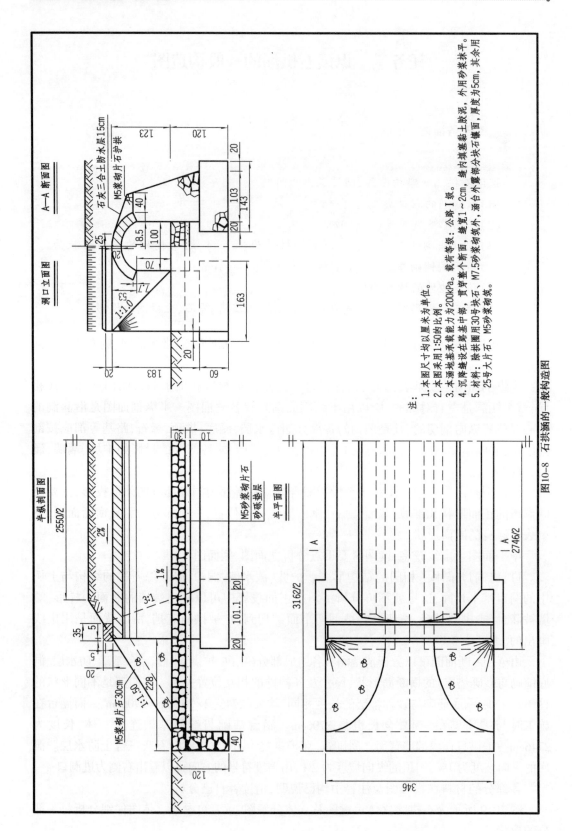

图10-8 石拱涵的一般构造图

项目十 识读涵洞工程图

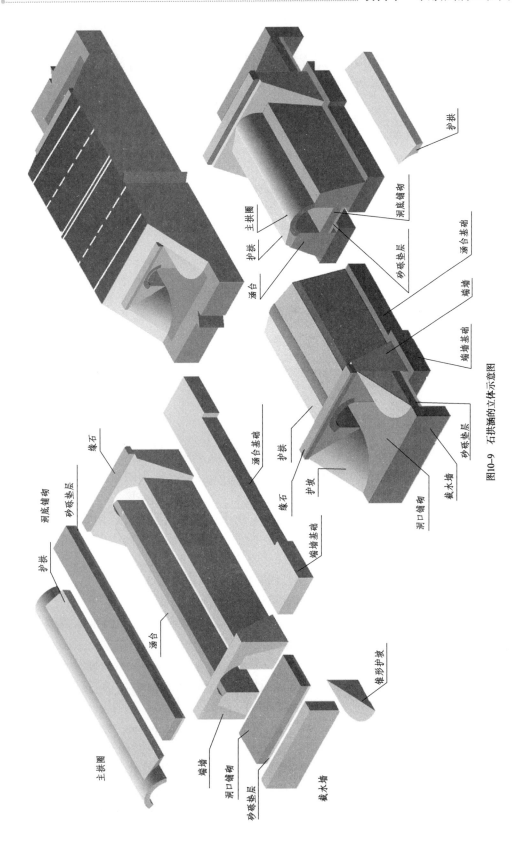

图10-9 石拱涵的立体示意图

任务四　识读钢筋混凝土箱涵工程图

任务描述

识读钢筋混凝土箱涵一般构造图,回答提出的问题。
(1)路基边坡的坡度为(　　)。洞底道路中心线处的高程是(　　)m。
(2)洞身端部、中部砂砾垫层的厚度为(　　)cm、(　　)cm。混凝土基础的厚度为(　　)cm。
(3)锥坡基础的高度为(　　)cm、宽度为(　　)cm,锥坡的材料为(　　),锥坡厚度为(　　)cm。
(4)钢筋混凝土洞身顶部、底部壁厚为(　　)cm,前后侧壁的厚度为(　　)cm。
(5)正面投影不反映涵洞实形,注意分析平面图的倾斜角度,涵身长度为(　　)cm,路基宽度为(　　)cm。

一、钢筋混凝土箱涵一般布置图

如图 10-10 所示为钢筋混凝土箱涵的一般构造图,图 10-11 为其立体示意图。

该图采用了立面图(纵剖面图)、平面图、侧面图、Ⅰ—Ⅰ断面图(涵身断面图)、护坡断面图、箱涵变形缝构造图来共同表达。

由平面图可见涵洞轴线与道路中线斜交。由于涵洞与道路中心线倾斜,其立面图长度方向不反映实形,侧面图是洞口正立面图(即垂直于道路中心线的方向的投影)。平面图是斜涵的主要投影图,涵洞长度、宽度尺寸应从平面图上分析,道路宽度尺寸要从立面图上分析。侧面图为洞口正立面图(即投影方向垂直于道路中心线的方向),而涵身断面图的投影方向平行于涵洞轴线,注意侧面图与涵身断面图上尺寸的关系。

该钢筋混凝土箱涵进洞口、出洞口均采用了翼墙和锥形护坡形式,锥形护坡下有浆砌片石的锥坡基础,从护坡断面图上可分析其尺寸及形状。

由立面图看出路基宽度为1200cm,洞顶填土高度为99cm。洞身、翼墙及缘石由钢筋混凝土浇筑成一体。由涵身断面图可见涵身断面为长方形薄壁断面,涵身底板、顶板厚度为36cm,侧墙厚度为32cm,涵洞跨径为400cm,净高为200cm。洞身基础的材料为C20混凝土,洞身基础长(1478+30×2/cos8°)cm,宽为504cm,高为30cm。缘石与翼墙的结构形状在该图中没有详细表达,可在翼墙钢筋结构图中分析。

平面图中用粗实线表示出路基边缘线,路基边坡以示坡线表示。钢筋混凝土涵身埋置在路基中,但可将土体看成是透明体,所以可用实线表示。平面图中洞身基础未画出,锥坡基础也未画出。平面图中标出了涵洞中心线处道路路基边缘的设计高程为777.75m,涵洞中心线处道路中心线的设计高程为777.64m。

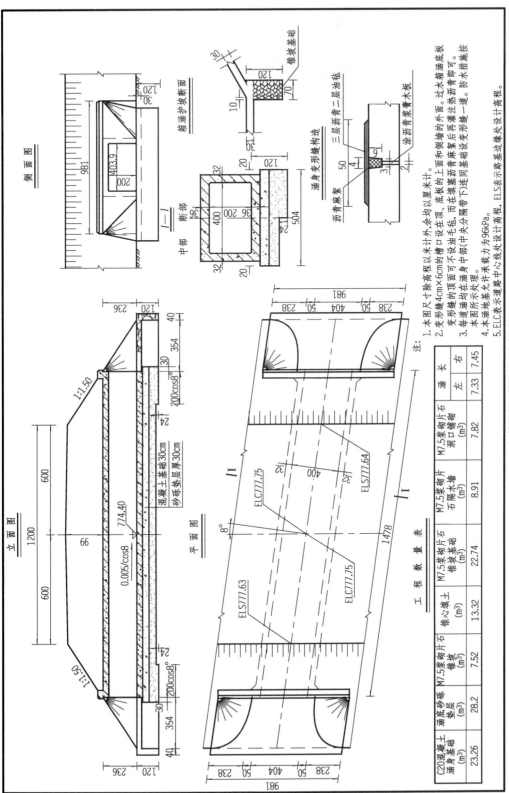

图10-10 钢筋混凝土箱涵的一般构造图

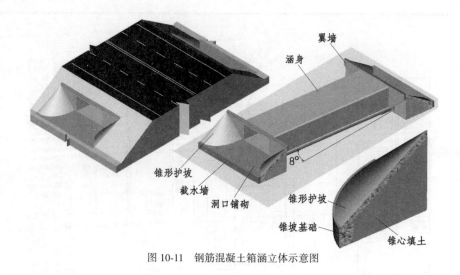

图 10-11 钢筋混凝土箱涵立体示意图

二、识读箱涵构件钢筋构造图

1.涵身钢筋结构图

图 10-12 为图 10-11 所示箱涵的涵身钢筋构造图,图 10-13 为其立体示意图。涵身钢筋结构图由立面图(Ⅰ—Ⅰ断面)、平面钢筋布置图(Ⅱ—Ⅱ断面)、侧面投影图(Ⅲ—Ⅲ断面)、横断面钢筋组合图及钢筋详图来表示。

为了表示钢筋安装组合情况,对3种不同组合排列方式(组合Ⅰ、组合Ⅱ和组合Ⅲ)以横断面钢筋组合图的形式给出,并结合平面图中的代号来表达。

由平面图可以看出沿涵洞长度方向钢筋组合的布置情况。由于该涵洞与道路中线倾斜,在涵身中部钢筋组合垂直涵洞轴线布置,在涵身端部钢筋组合倾斜分布。

涵身中部钢筋组合Ⅰ每隔(17.2×2)cm 布置一组,在两组钢筋组合Ⅰ之间布置一组钢筋组合Ⅱ或钢筋组合Ⅲ,组合Ⅱ和Ⅲ交替间隔分布。由横断面钢筋组合图可以看出组合Ⅰ由2根1号、2根4号、2根5号、4根6号钢筋及8根7号钢筋组成;组合Ⅱ由1根2号钢筋和1根3号钢筋组成;组合Ⅲ由1根2号钢筋和1根3号及2根5钢筋组成。10号、11号、12号钢筋垂直穿过钢筋组合均匀分布成里外两层,其横向间距为20cm,与横断面钢筋组合共同组成立体的钢筋骨架。在钢筋组合Ⅰ上还分布着8号、9号钢筋,8号钢筋分布情况由立面图和平面图来表达,9号钢筋分布情况可由立面图和侧面图来表达。

涵身端部钢筋组合的间隔,左侧为18.1cm,右侧为9.0cm。钢筋组合的情况与中部相同,只是沿涵洞跨径方向的钢筋长度是变化的。

2.翼墙钢筋构造图(略)

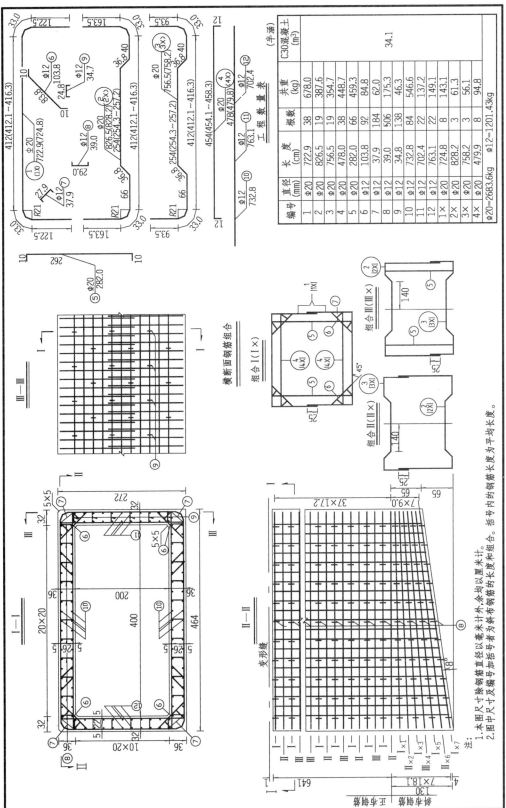

图10-12 涵身钢筋构造图

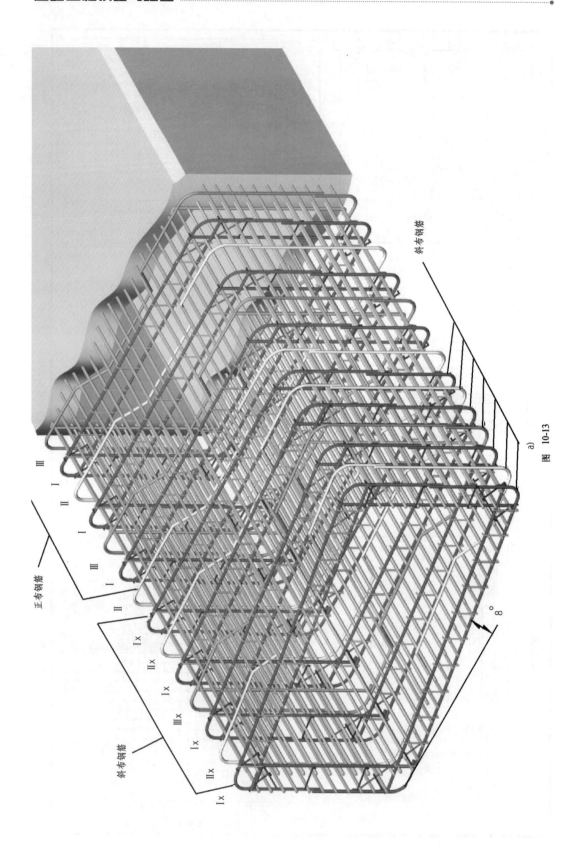

图 10-13

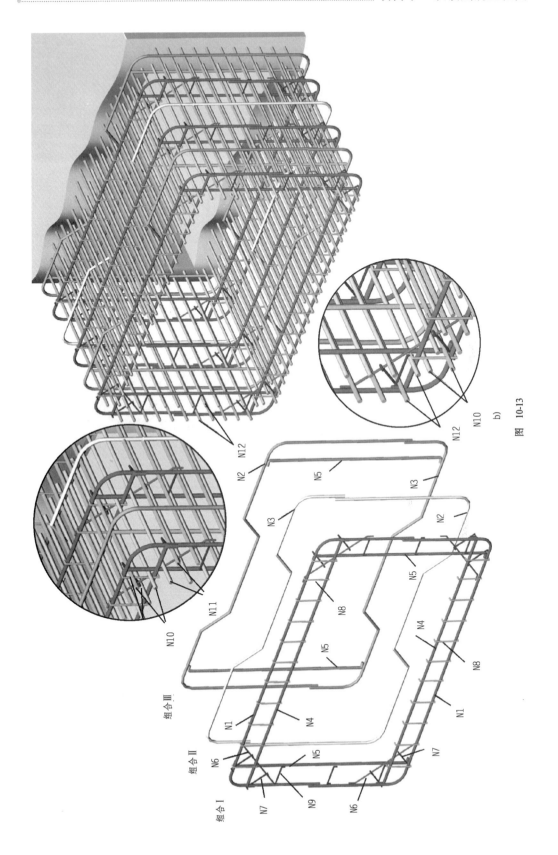

图 10-13

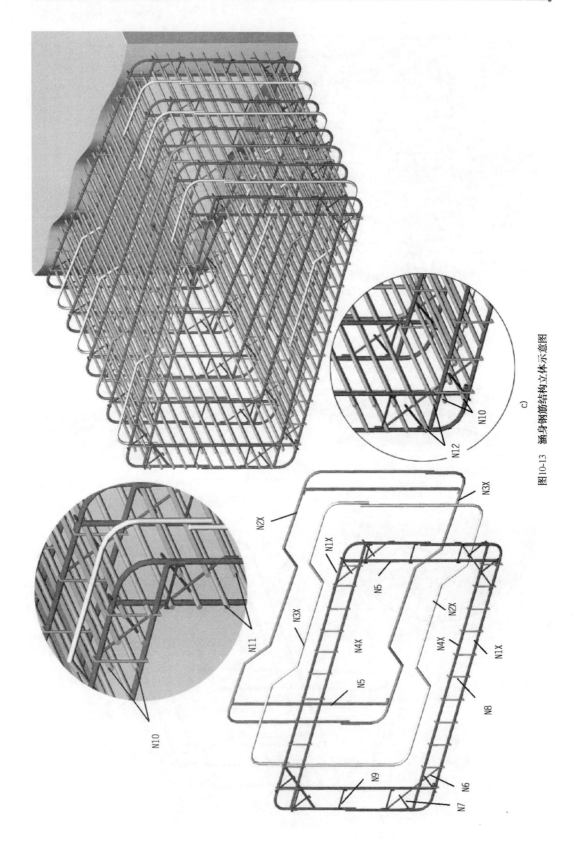

图10-13 涵身钢筋结构立体示意图

项目十一　识读隧道工程图

项目描述

隧道是道路穿越山岭的建筑物,如图 11-1 所示。隧道由主体构造物和附属构造物两大类组成。隧道工程图除了用隧道(地质)平面图表示它的位置外,它的图样主要由隧道(地质)纵断面图、隧道洞门图、横断面图(表示洞身形状和衬砌)等组成。

图 11-1　隧道洞门

本项目以青岛至银川高速公路山西省离石—军渡段(第七合同段)上的庙梁隧道为例,以识读庙梁隧道施工图为任务,掌握识读隧道洞门图、隧道衬砌断面图的方法,形成识读隧道洞门图、隧道衬砌断面图的能力。

任务一　识读隧道洞门图

任务描述

识读图 11-3 所示庙梁隧道的洞门图,并回答提出的问题。
(1)隧道洞门的形式有哪几种?隧道洞门图的图示内容有哪些?
(2)该隧道洞门的侧面投影图为纵剖面图,剖切平面通过路线中心线,投影方向为从道路前进方向的(　　)侧向(　　)侧。
(3)从平面图中可见洞内排水沟与洞外边沟的汇集情况及排水路径,由洞内、外水沟处标注的箭头可以看出排水路径,洞内外排水是由洞(　　)流向洞(　　)

的;可以看出洞顶排水沟的走向及排水坡度,排水沟的坡度分为(　　)段,每段的坡度分别为(　　)。

(4)明洞回填在底部是600cm高的浆砌片石回填,之上是夯实碎石土,请在侧面图及立体图中指出明洞回填及夯实碎石土的位置。

(5)从水平投影图中可以看出行车道、左侧硬路肩、右侧硬路肩、土路肩、边沟、碎落台的宽度分别为(　　)cm、(　　)cm、(　　)cm、(　　)cm、(　　)cm、(　　)cm。

(6)由侧面图可见洞口仰坡坡度为(　　);由立面图可见洞口边坡坡度为(　　)。

(7)该隧道洞门桩号为(　　),明暗洞交界处的桩号为(　　),洞门衬砌拱顶的厚度为(　　)cm。

一、了解隧道洞门

隧道洞门位于隧道的两端,是隧道的外露部分,俗称出入口。它一方面起着稳定洞口仰坡坡脚的作用,另一方面也有装饰美化洞口的效果。根据地形和地质条件的不同,隧道洞门的形式主要有端墙式、翼墙式和环框式等形式。图 11-1 为环框式洞门,图 11-2 为翼墙式和端墙式洞门。

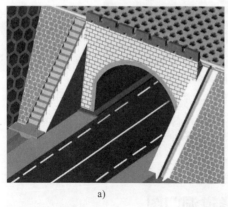
a)

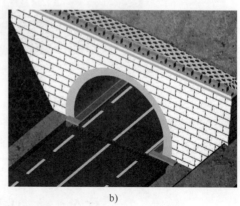
b)

图 11-2　隧道洞门的形式
a)翼墙式;b)端墙式

二、隧道洞门图的图示内容及特点

隧道洞门图一般是用立面图、平面图和洞口纵剖面图来表达它的具体构造,一般可采用 1∶100~1∶200 的比例,如图 11-3 所示。

(1)立面图。以洞门口在垂直路线中心线上的正面投影作为立面图。不论洞门是否左右对称,都必须把洞门全部画出。主要表达洞门墙的形式、尺寸、洞口衬砌的类型、主要尺寸、洞顶排水沟的位置、排水坡度等,同时也表达洞门口路堑边坡的坡度等。

(2)平面图。主要是表达洞门排水系统的组成及洞内外水的汇集和排水路径。另外,还应表达洞顶仰坡与边坡的过渡关系。为了图面清晰,常略去端墙、翼墙等的不可见轮廓线。

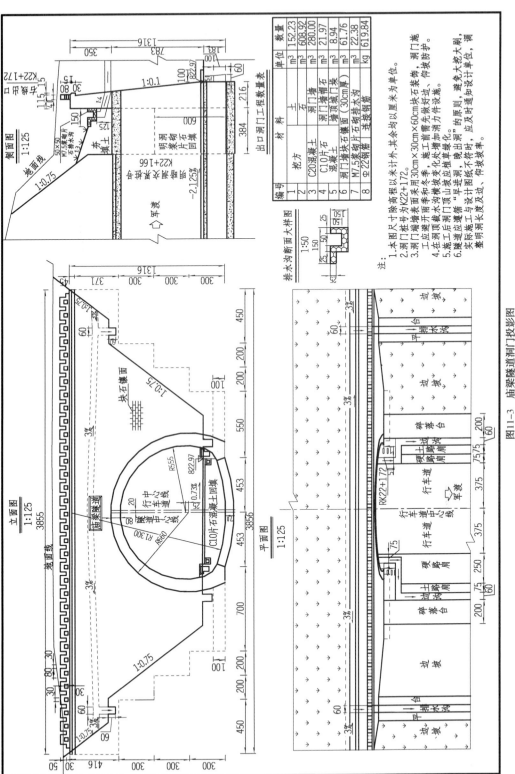

图11-3 庙梁隧道洞门投影图

(3)侧面图(纵向剖面图)。一般以沿隧道中心线剖切的纵向剖面图取代侧面图。主要表达洞门墙的厚度、倾斜度、洞顶排水沟的断面形状、尺寸、洞顶帽石等的厚度,洞顶仰坡的坡度,以及洞内路面结构、隧道净高等。

三、识读隧道洞门图的方法

首先要概括了解该隧道洞门图采用了哪些投影图及各投影图要重点表达的内容。了解剖面图、断面图的剖切位置和投影方向。

其次可根据隧道洞门的构造特点,把隧道洞门图沿隧道轴线方向分成几段,而每一段沿高度方向又可以分为不同的部分,对每一部分进行分析识读。识读时一定要抓住反映这部分形状、位置特征的投影图进行分析。

最后对照隧道洞门的各投影图(立面图、平面图、剖面图)全面分析,明确各组成部分之间的关系,综合起来想象出整体形状。

四、识读隧道洞门图

图11-3所示为青岛至银川高速公路山西省离石—军渡段一隧道(庙梁隧道右线出口)的洞口投影图。图11-4为隧道洞口立体示意图。

该洞门图由立面图、平面图、侧面图来共同表达隧道洞口的结构。立面图实际是垂直于路线中心线的剖面图,剖切平面在洞门前,请参考图11-4a)、b)。侧面投影图为纵剖面图,剖切平面通过道路中心线,投影方向为从右向左(由道路前进方向的右侧向左侧投影),请参考图11-4c)。

将隧道洞门沿隧道轴线方向分为3段,即洞门墙部分、明洞回填部分、洞外路况部分。

识读洞门墙部分时,应以立面图为主,结合侧面图来分析。平面图中洞门墙的许多结构被遮挡,用虚线表示,甚至虚线也被省略,所以平面图只作为参考。从立面图中可以看出洞门墙、洞门衬砌、墙下基础、墙帽及墙顶城墙垛等的正面形状和上下、左右的位置关系及长、宽方向的尺寸。而从侧面投影可以看到洞门墙、墙下基础、墙帽及墙顶城墙垛的厚度和前后位置关系,以及洞门墙的倾斜度,还可以看出前后方向的尺寸。如洞门衬砌由主拱圈和仰拱组成,主拱圈外径为660cm,内径为555cm。由于内外圈圆心在高度方向上存在25cm的偏心距,所以主拱圈的厚度从拱顶到拱脚是逐渐变厚的,拱圈顶部厚度为80cm。仰拱内圈直径为1300cm,厚度为70cm。从侧面投影中可见明暗洞的分界线,从侧面投影的剖面图例可看出洞门衬砌为钢筋混凝土。从立面图中可见洞内路面左低右高(沿道路前进方向看),坡度为4%,仰拱与路面之间是C10片石混凝土回填。从侧面图中和平面图中可以看出该隧道洞门桩号为K22+172。对于洞门墙、洞门墙基础、墙帽及墙顶城墙垛等的情况,请读者参照上面的方法和立体示意图11-4b)自己分析。

识读明洞回填及洞顶排水沟部分时,应以侧面图为主,结合立面图来阅读。可从侧面投影图中分析排水沟断面尺寸、形状及材料,其中50×50表示排水沟水槽的截面尺寸,从立面图中可以看出排水沟的走向及排水坡度。从侧面图中可以看出明洞回填在底部是600cm高的浆砌片石回填,之上是夯实碎石土;可以看出明、暗洞拱圈(衬砌)厚度是不相同的;可以看出明洞处洞顶的坡度为1∶3,暗洞处洞顶仰坡的坡度为1∶0.75。请读者参照立体示意图 11-4c）、d)仔细分析。

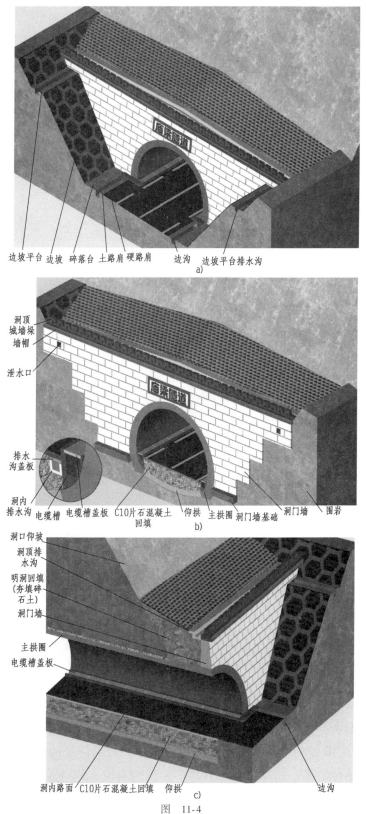

图 11-4

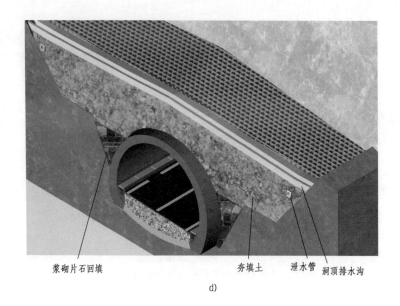

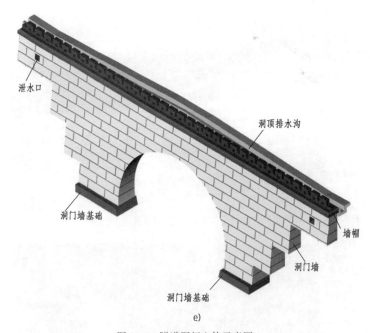

图 11-4 隧道洞门立体示意图

a)隧道洞门外观图；b)洞前横断面立体示意图；c)纵断面立体示意图；
d)洞门后横断面立体示意图；e)洞门墙立体示意图

识读边坡、洞外排水系统及洞外路况部分时，应以平面图为主，结合立面图来阅读。如从平面图中可见洞内排水沟与洞外边沟的汇集情况及排水路径，可以看出洞内的水由洞内排水沟排向洞外边沟。由三面投影图可以看出，洞顶排水沟的汇集情况及排水路径，洞顶仰坡的汇集水流入洞顶排水沟，并通过两侧穿过洞门墙的泄水口流入边坡平台排水沟。在立面图可以看到边沟、平台排水沟的横断面形状及边坡的坡度。请读者参照立体示意图 11-4a)自己分析。

任务二 隧道衬砌断面图

任务描述

识读庙梁隧道Ⅴ级围岩浅埋段衬砌断面图(隧道衬砌断面设计图、超前支护设计图、钢拱架支撑构造图、二次衬砌钢筋构造图、防排水设计图)。

1.识读图11-5所示庙梁隧道Ⅴ级围岩浅埋段衬砌断面设计图,并回答问题。

(1)描述一次支护、二次衬砌的含义。

(2)隧道衬砌图采用在每一级围岩中用一组垂直于隧道中心线的横断面图来表示隧道衬砌的结构形式。除用(　　　)图来表达该围岩段隧道衬砌总体设计外,还有针对每一种支护、衬砌的具体构造图,如(　　　)、(　　　)、(　　　)等。

(3)从衬砌断面图可看出,该围岩段采用了曲墙式复合衬砌,包括(　　　)支护、(　　　)支护和(　　　)衬砌。图中给出了初期支护和二次衬砌的断面轮廓。

(4)从图11-5所示衬砌断面设计图中可以看出,该围岩段由外到内分别采用了哪些支护?

(5)该围岩段采用的超前支护有哪两种?该隧道Ⅴ级围岩浅埋段在洞口采用(　　　)的超前支护,在Ⅴ级围岩浅埋段其他位置采用直径为50mm(　　　)超前支护。

(6)该隧道Ⅴ级围岩浅埋段采用了哪几种初期支护?径向锚杆支护在土质中采用φ22的(　　　)锚杆,在石质中采用直径为25mm的(　　　)锚杆;钢拱架支撑采用的工字钢的型号为(　　　);钢筋网片支护,其钢筋直径为(　　　)mm,在锚杆、钢筋网片和钢拱架之间喷射C25混凝土的厚度为(　　　)cm。

(7)二次衬砌现浇C25混凝土的厚度为(　　　)cm。其外圈直径为(　　　)cm,内圈直径为(　　　)cm。

2.识读图11-7所示庙梁隧道Ⅴ级围岩浅埋段超前支护设计图,并回答问题。

(1)该围岩段采用了φ50超前小导管注浆支护,超前小导管的外径(　　　)mm、长度为(　　　)m、壁厚为(　　　)mm热轧无缝钢管。施工时超前小导管的外倾角为(　　　)度。

(2)管壁四周钻有压浆孔,压浆孔直径为(　　　)mm,导管环向间距(圆周方向的间距)为(　　　)cm,导管分布在隧道顶部,每圈(　　　)根。

(3)两排导管之间的纵向间距为(　　　)cm,两排导管纵向搭接长度为(　　　)m。

3.识读图11-9所示庙梁隧道Ⅴ级围岩浅埋段钢拱架支撑构造图,并回答问题。

(1)主拱圈位置钢拱架支撑的内圈直径为(　　　)cm,外圈直径为(　　　)cm。

(2)两榀钢拱架之间的纵向间距为(　　　)cm,两榀钢拱架之间焊接有纵向连接钢筋,纵向连接钢筋的环向距离为(　　)cm。一榀钢拱架有纵向连接钢筋共(　　)根。

(3)钢拱架采用工字钢型号为(　　),工字钢高度为(　　)cm。

(4)接点A处经螺栓拼接,每个接点处有(　　)个螺栓连接,每一榀钢拱架上共有(　　)个螺栓连接,连接钢板的尺寸为(　　)cm×(　　)cm×(　　)cm。

4.识读图11-11所示庙梁隧道Ⅴ级围岩浅埋段二次衬砌钢筋构造图,并回答问题。

(1)主拱圈位置二次衬砌的内圈直径为(　　)cm,仰拱位置二次衬砌的厚度为(　　)cm。

(2)主筋的纵向(隧道轴向)间距为(　　)cm,每延米有(　　)圈主筋。

(3)箍筋环向间距为(　　)cm,主拱部分箍筋每圈有(　　)根;仰拱部分箍筋每圈有(　　)根,每延米有箍筋(　　)圈,每延米共有箍筋(　　)根。

5.识读图11-13所示庙梁隧道一般围岩段防排水设计图,并回答问题。

(1)环向排水管、纵向排水管等排水系统安装在一次支护完成之后,二次衬砌的施工之前。隧道上部的渗水通过(　　)的缝隙进入环向弹簧波纹排水管后流入(　　)管,最后通过横向引水管流入洞内排水沟。

(2)电缆槽的渗水通过(　　)流入洞内排水沟,洞内路面上的积水通过(　　)流入洞内排水沟。

(3)电缆槽泄水管每(　　)m设置一道。在Ⅳ级、Ⅴ级岩中横向引水管每(　　)m设置一道。在Ⅲ级围岩按(　　)m一道设计。

(4)连接纵向排水管与横向引水管的三通接头的尺寸为(　　)mm×(　　)mm×(　　)mm,连接纵向排水管与环向排水管的三通接头的尺寸为(　　)mm×(　　)mm×(　　)mm。

一、了解隧道衬砌

隧道衬砌是为防止围岩变形或坍塌,沿隧道洞身周边用钢筋混凝土等材料修建的永久性支护结构。

在不同的围岩中可采用不同的衬砌形式,常用的衬砌形式有喷射混凝土衬砌、喷锚衬砌及复合式衬砌。目前工程上常采用复合式衬砌。

复合式衬砌常分为初期支护(一次支护)和二次支护(二次衬砌)。一次支护是为了保证施工的安全、加固岩体和阻止围岩的变形而设置的结构,指喷射混凝土、锚杆或钢拱架支撑的一种或几种组合对围岩进行加固。二次支护(二次衬砌)是为了保证隧道使用的净空和结构的安全而设置的永久性衬砌结构,待初期支护的变形基本稳定后,再进行现浇混凝土二次衬砌。

隧道衬砌断面可采用直墙拱、曲墙拱、圆形及矩形断面。如图11-2a)所示的隧道断面为直墙拱,如图11-2b)所示的隧道断面为曲墙拱。

二、隧道衬砌图的图示内容及特点

隧道衬砌图采用在每一级围岩中用一组垂直于隧道中心线的横断面图来表示隧道衬砌的结构形式。除用隧道衬砌断面设计图来表达该围岩段隧道衬砌总体设计外,还有针对每一种支护、衬砌的具体构造图。

(1)隧道衬砌断面设计图主要表达该围岩段内衬砌的总体设计情况,表明有哪一种或哪几种类型的支护及每种支护的主要参数、防排水设施类型和二次衬砌结构情况。如图 11-5 是庙梁隧道的Ⅴ级围岩浅埋段衬砌断面设计图。

(2)各种支护、衬砌的构造图(如超前支护断面图、钢拱架支撑构造图、防排水设计图、二次衬砌钢筋构造图等)具体地表达每一种支护各构件的详细尺寸、分布情况、施工方法等。如图 11-9 是庙梁隧道Ⅴ级围岩浅埋段钢拱架支撑构造图,图 11-11 是Ⅴ级围岩浅埋段二次衬砌钢筋构造图。

三、隧道衬砌断面图的识读方法

首先要认真阅读隧道衬砌断面设计图,全面了解该围岩段所有的支护种类及相互关系;同时注意阅读材料表和附注,了解注意事项和施工方法等;然后再阅读每一种支护、衬砌的具体构造图,分析每一种支护的具体结构、详细尺寸、材料及施工方法。

四、识读隧道衬砌断面图

1.隧道衬砌断面设计图

图 11-5 所示为庙梁隧道Ⅴ级围岩浅埋段衬砌断面设计图。由图可见该围岩段采用了曲墙式复合衬砌,包括超前支护、初期支护和二次衬砌。图中给出了初期支护和二次衬砌的断面轮廓。

超前支护是指为保证隧道工程开挖工作面稳定在开挖之前采取的一种辅助措施。从图 11-5 可以看出该隧道Ⅴ级围岩浅埋段在洞口采用直径为 108mm 的长管棚超前支护,在Ⅴ级围岩浅埋段其他位置采用直径为 50mm 超前小导管支护,即沿开挖外轮廓线向前以一定外倾角打入管壁带有小孔的导管,且以一定压力向管内压注起胶结作用的浆液,待其硬化后岩体得到预加固。

该隧道Ⅴ级围岩浅埋段的初期支护有:①径向锚杆(系统锚杆)支护(在土质围岩中采用 $\phi22$ 砂浆径向锚杆,锚杆长度为 4m,间距 75mm×75mm,在石质围岩中采用直径为 $\phi25$mm 自钻式径向锚杆,锚杆长度为 4m,间距 75 cm×75 cm);②型号为Ⅰ20a 工字钢钢拱架支撑,相邻钢拱架的纵向间距为 75cm;③挂设钢筋网片支护(挂设在钢拱架外侧即靠近围岩的一侧,与锚杆、钢拱架等其他装置焊接或绑扎在一起),钢筋直径为 $\phi8$mm,钢筋网网格为 15cm×15cm(冷轧焊接钢筋网);④在锚杆、钢筋网片和钢拱架之间喷射 C25 混凝土,喷射厚度 25cm。使锚杆、钢拱架支撑、钢筋网、喷射混凝土共同组成一个大半径的初期支护结构。如图 11-6 所示为某隧道的一次支护施工过程中的照片。

一般情况下超前小导管尾部、锚杆尾部与钢拱架支撑、钢筋网等都焊接在一起形成一个整体的初期支护,以保证钢拱架、钢筋网、喷射混凝土、锚杆和围岩形成联合受力结构。

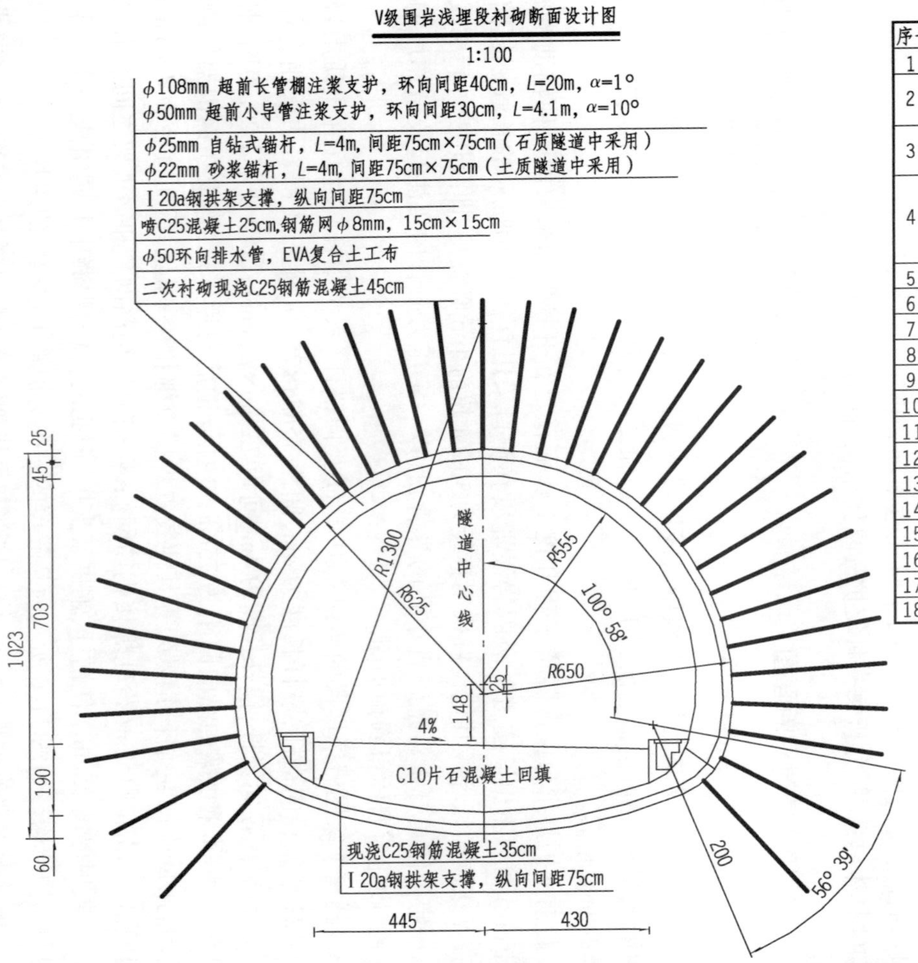

V级围岩浅埋段衬砌断面设计图
1:100

φ108mm 超前长管棚注浆支护，环向间距40cm，L=20m，α=1°
φ50mm 超前小导管注浆支护，环向间距30cm，L=4.1m，α=10°
φ25mm 自钻式锚杆，L=4m，间距75cm×75cm（石质隧道中采用）
φ22mm 砂浆锚杆，L=4m，间距75cm×75cm（土质隧道中采用）
I20a钢拱架支撑，钢筋网φ8mm，纵间距75cm
喷C25混凝土25cm，钢筋网φ8mm，15cm×15cm
φ50环向排水管，EVA复合土工布
二次衬砌现浇C25钢筋混凝土45cm

每延米工程数量表

序号	项目	规格	单位	数量	备注
1	土石开挖		m³	112.9	
2	长管棚	φ108mm	kg	9398	每组长管棚重量
					壁厚4mm
3	小导管	φ50mm	kg	279.2	每组长管棚中采用
	注浆	水泥水玻璃浆	m³	25.12	
	注浆	水泥水玻璃浆	m³	4.25	小导管中采用
4	自钻式锚杆	φ25mm	m	186.7	石质隧道中采用每环35根
	砂浆锚杆	φ22mm	kg	556.37	土质隧道中采用每环35根
5	φ8mm钢筋网	15cm×15cm	kg	118.5	
6	喷混凝土	C25混凝土	m³	6.3	
7	型钢钢架	I20a	kg	1362.4	
8	钢板	300mm×250mm×20mm	m³	188.5	
9	高强螺母、螺母	AM20	kg	10.7	
10	纵向连接钢筋	HRB335(II级)	kg	188.7	
11	拱圈二次衬砌	C25混凝土	m³	13.0	
12	拱圈二次衬砌	HRB335(II级)	kg	669.4	
13	拱圈二次衬砌	HPB300(I级)	kg	115.4	
14	仰拱钢筋	HRB335(II级)	kg	412.2	
15	仰拱钢筋	HPB300(I级)	kg	56.7	
16	仰拱二次衬砌	C25混凝土	m³	7.8	
17	片石混凝土仰拱回填	10号	m³	10.44	
18	喷浆		m²	20.19	

注：
1. 本图尺寸按钢筋直径、锚杆直径、导管直径、钢板尺寸以毫米计，锚杆和导管长度以米计，其余以厘米计。
2. 本图适用于II类围岩浅埋段。
3. 施工中若围岩划分与实际不符时，应根据围岩监控量测结果，及时调整开挖方式和修正支护参数。
4. 施工中应严格遵守短进尺，弱爆破，强支护的原则。
5. V级围岩浅埋段遇前支护在洞口段采用φ108长管棚，早成环的原则，采用φ50超前小导管。
6. 隧道穿过石质层时采用φ25自钻式锚杆，穿过土质层时采用φ22砂浆锚杆。
7. 隧道施工预留变形量15cm。
8. 初喷支护时的锚杆应尽可能与钢支撑焊接。

图11-5 庙梁隧道V级围岩浅埋段衬砌断面设计图

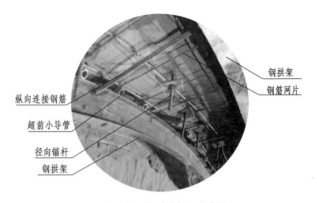

图 11-6 某隧道的一次支护

在初期支护和二次衬砌之间先布置直筋为 50mm 的环向排水管,然后铺设 EVA 复合土工布防水板。

二次衬砌是现浇 C25 钢筋混凝土,厚度为 45cm。

仰拱的初期支护采用 I20a 钢拱架支护,纵向间距为 75cm,二次衬砌是现浇 C25 钢筋混凝土,厚度为 35cm。

2.隧道超前支护设计图

图 11-7 为庙梁隧道 V 级围岩浅埋段超前支护设计图,图 11-8 为其立体示意图。

由图 11-7 可见,该围岩段采用了 $\phi50$ 超前小导管注浆支护,主要由横断面图、I—I 断面、超前小导管大样图、材料数量表及附注组成。

超前小导管采用外径 50mm、长度为 4.1m、壁厚 4mm 热轧无缝钢管,钢管前端呈尖锥状,管壁四周钻有直径为 8mm 的压浆孔,尾部 1.2m 不设压浆孔,详见小导管大样图。超前小导管施工时,导管以 10°外倾角打入围岩,导管环向间距(圆周方向的间距)为 30cm。导管分布在隧道顶部,每环 45 根。

横断面图上还表达出初期支护和二次衬砌的断面尺寸。

从 I—I 断面上可以看出,两排导管之间的纵向间距 300cm,两排导管纵向搭接长度为 103.8cm。同时也可看出超前小导管与钢拱架之间的位置关系。

识读附注中的内容可知:要求小导管尾部尽可能焊接于钢拱架上,小导管注浆材料为水泥水玻璃浆。

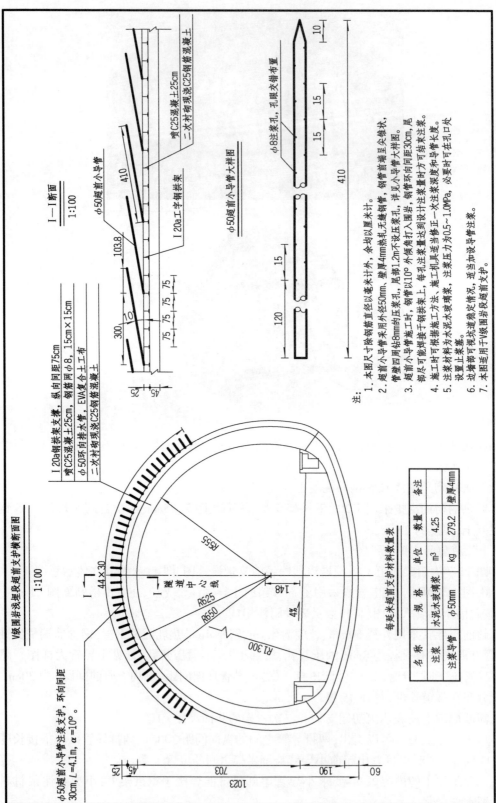

图11-7 庙梁隧道V级围岩浅埋段超前支护设计图

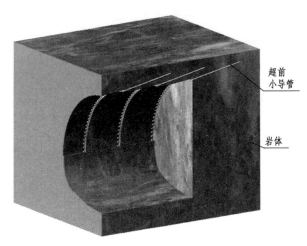

图 11-8 超前支护示意图

3. 隧道钢拱架支撑构造图

图 11-9 所示为庙梁隧道 V 级围岩浅埋段钢拱架支撑构造图,除立面图外,还有 A 部大样图、Ⅰ—Ⅰ断面图、Ⅱ—Ⅱ断面图、钢拱架纵向布置图、纵向连接钢筋大样图。

从立面图中可以看出,每榀钢拱架分 6 段,段与段之间通过节点 A 连接在一起。由 A 部大样图与Ⅰ—Ⅰ、Ⅱ—Ⅱ断面图及附注中可以了解节点 A 的连接情况,了解工字钢断面尺寸、螺栓连接尺寸等。在每段工字钢端部焊接一块 300mm×250mm×20mm 钢板,两块钢板由 4 个螺栓连接后,骑缝处要焊接牢固。两榀钢拱架之间的纵向间距为 75cm,并在两榀钢拱架之间焊接有纵向连接钢筋,纵向连接钢筋 2 的环向距离为 100cm。从纵向连接筋大样图上可以看出纵向连接钢筋为 HRB335 钢筋(Ⅱ级钢筋),直径为 25mm,每环 37 根。

图 11-10 为钢拱架支撑立体示意图(为了较清楚地表达钢拱架及其连接情况,立体示意图中钢拱架等的尺寸都有所夸大)。请读者对照立体示意图详细阅读图 11-9 所示的钢拱架支撑构造图。

4. 隧道二次衬砌钢筋构造图

图 11-11 所示为庙梁隧道 V 级围岩浅埋段二次衬砌钢筋构造图。该二次衬砌钢筋构造图由立面图(二次衬砌钢筋构造横断图)和Ⅰ—Ⅰ、Ⅱ—Ⅱ、Ⅲ—Ⅲ断面图及 1、2、3、4、5、6 号钢筋的详图来共同表达二次衬砌钢筋的结构情况,另外还有钢筋数量表及附注。读图时应该综合起来分析。

由立面图可以看出该隧道二次衬砌的断面轮廓及断面内钢筋布置情况。主要由 6 种钢筋组成,主拱圈部分的外圈主筋 1 和内圈主筋 2 及箍筋 5;有仰拱部分内圈主筋 3 和外圈主筋 4 及箍筋 6。各箍筋间距均为 40cm,每圈共有箍筋 29+29+32=90 根。58 根 5 号箍筋,32 根 6 号箍筋,由Ⅰ—Ⅰ断面图可知,每延米有箍筋 2.5 圈,每延米共 225 根箍筋。主筋都是直径为 22mm 的 HRB335 钢筋(Ⅱ级钢筋),箍筋是直径为 8mm 的 HPB300 钢筋(Ⅰ级钢筋)。各钢筋的尺寸与形状可见钢筋详图,不同位置的箍筋尺寸有所不同。

由Ⅰ—Ⅰ断面图可以看出在拱圈顶部外圈主筋 1 和内圈主筋 2 之间的中心距为 35cm,1、2 号钢筋中心到混凝土表面距离为 5cm;由Ⅱ—Ⅱ断面图可以看出在仰拱底部外圈主筋 4 和内圈主筋 3 之间的中心距为 27cm,3、4 号钢筋中心到混凝土表面距离为

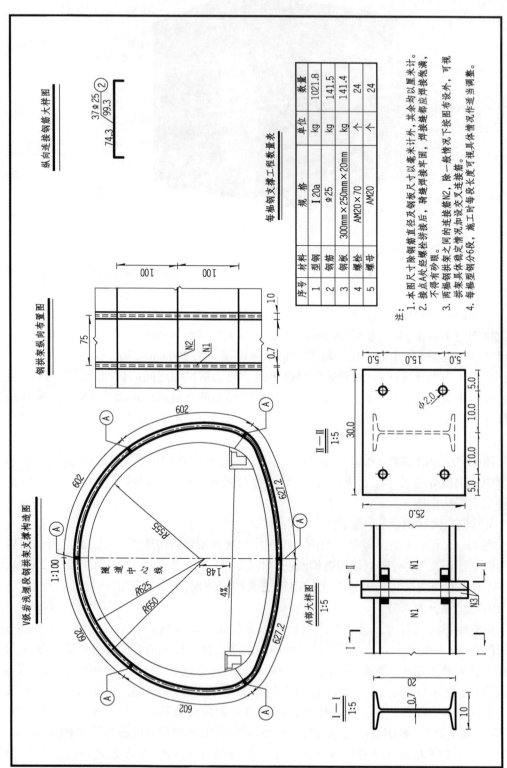

图11-9 庙梁隧道Ⅴ级围岩浅埋段钢拱架支撑构造图

5cm。结合Ⅲ—Ⅲ断面图还可以看到箍筋沿纵向(道路中心线方向)的分布情况,即第一圈箍筋与第一第二第三圈主筋绑扎在一起,第二圈箍筋与第三第四第五圈主筋绑扎在一起,以此类推。图11-12二次衬砌钢筋构造立体示意图。请读者参照立体示意图仔细阅读二次衬砌钢筋构造图(为了较清楚地表达钢筋主筋的分布情况,立体示意图中箍筋的数量比实际要少)。

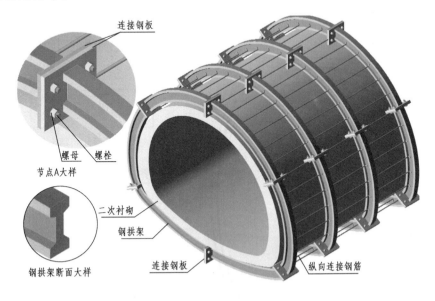

图 11-10　钢拱支撑立体示意图

5.隧道防排水设计图

图 11-13 为庙梁隧道一般围岩段防排水设计图,由图可见在一次支护完成之后,安装环向排水管、纵向排水管等排水系统,然后铺设 EVA 复合土工布防水板,之后进行二次衬砌的施工。隧道上部的渗水通过环向弹簧波纹排水管的缝隙进入环向弹簧波纹排水管后流入纵向排水管,最后通过横向引水管流入洞内排水沟。电缆槽的渗水通过电缆槽泄水管流入洞内排水沟,洞内路面上的积水通过泄水孔流入洞内排水沟。

电缆槽泄水管每 25m 设置一道。环向排水管每道 1 根,在涌水、突水段贴岩面设置,在Ⅳ级、Ⅴ级围岩中横向引水管每 10m 设置一道,局部水量大时可酌情增加。在Ⅲ级围岩中按 15m 一道设计,局部水量大时可酌情增加。横向引水管设置间距与环向排水管设置间距相对应。而双侧排水沟则是全隧道埋设。

连接纵向排水管与横向引水管的三通接头的尺寸为 $\phi100mm\times\phi100mm\times\phi100mm$,连接纵向排水管与连接环向排水管的三通接头的尺寸为 $\phi100mm\times\phi100mm\times\phi50mm$。

图 11-14 为隧道防排水立体示意图,请读者参照立体示意图仔细阅读隧道一般围岩段防排水设计图(在立体图中为较清晰地表达排水管的分布情况,排水管的直径有所夸大)。

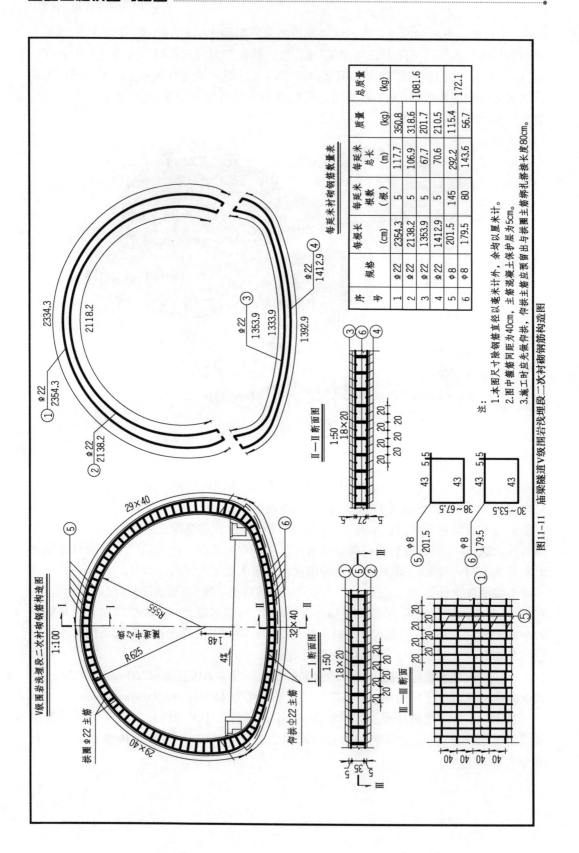

图11-11 庙梁隧道Ⅴ级围岩浅埋段二次衬砌钢筋构造图

项目十一 识读隧道工程图

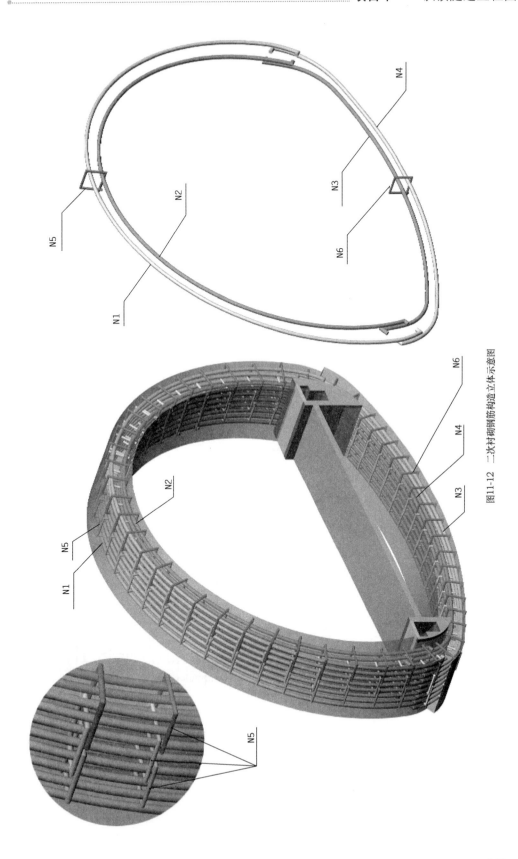

图11-12 二次衬砌钢筋构造立体示意图

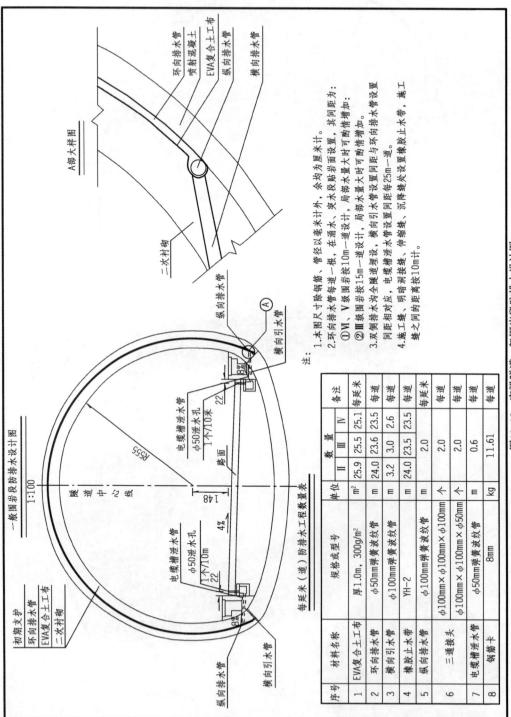

图11-13 庙梁隧道一般围岩段防排水设计图